Dietger Feiks/Ella Krauß

Rechtschreibung im Griff Deutsch 5./6. Klasse

Klett Lerntraining

Hinweis:
Zu diesem Buch gehört ein Online-Angebot unter www.klett.de/allesimgriff.
Der Zugriff auf dieses Online-Angebot ist gewährleistet bis 2015.

Bibliografische Information der Deutschen Bibliothek
Die Deutsche Bibliothek verzeichnet diese Publikation in der Deutschen Nationalbibliografie; detaillierte bibliografische Daten sind im Internet über http://dnb.ddb.de abrufbar.

Auflage 5. 4. 3. 2. 1. | 2014 2013 2012 2011
Die letzten Zahlen bezeichnen jeweils die Auflage und das Jahr des Druckes.
Dieses Werk folgt der gültigen Rechtschreibung und Zeichensetzung. Ausnahmen bilden Texte, bei denen künstlerische, philologische oder lizenzrechtliche oder andere Gründe einer Änderung entgegenstehen.

Internetadresse: www.klett.de/lernhilfen
Zeichnungen: Sven Palmowski, Barcelona: S. 20, 30, 38, 47, 73, 90 und 104; Katja Rau, Fellbach: S. 24, 26, 32, 37, 41, 48, 49, 53, 64, 69, 70, 72, 74, 75, 77, 79, 83, 88, 99, 105 und 114; Andreas Florian, Lübeck: S. 24
Umschlaggestaltung: Sabine Kaufmann, Stuttgart
Redaktionsassistenz: Verena Malmsheimer, Stuttgart
Satz: DTP-studio Andrea Eckhardt, Göppingen
Druck: Medienhaus Plump, Rheinbreitbach
Printed in Germany
ISBN 978-3-12-927223-7

9 783129 272237

INHALTSVERZEICHNIS

So übst du mit diesem Buch

Liebe Schülerin, lieber Schüler,

endlich die deutsche Rechtschreibung kapieren – hast du dir das auch schon mal gewünscht? Dann ist „Rechtschreibung im Griff" genau das richtige Übungsbuch für dich.

Dieses Buch hilft dir dabei, alle wichtigen Bereiche der deutschen Rechtschreibung zu wiederholen und zu üben.

So gehst du am besten vor:

- Suche aus dem Inhaltsverzeichnis das Themengebiet heraus, das du wiederholen möchtest.
- Beginne jedes Kapitel, indem du das Merkwissen im grünen Kasten durchliest. Dort steht alles, was du zu diesem Thema wissen und können musst.
- Danach kannst du die Rechtschreibschwierigkeiten in immer wechselnden Aufgabenstellungen einzeln üben.
  Viele Aufgaben kannst du nicht im Buch lösen. Lege dir ein Trainingsheft zu, in dem du längere Aufgaben bearbeitest.
- Vergleiche anschließend deine Antworten mit den Lösungen.

Hast du ein komplettes Kapitel durchgearbeitet? Dann kannst du deinen Lernerfolg mit den kostenlosen Abschlusstests online überprüfen.
Deine Ergebnisse kannst du in dieses Buch übertragen. Am Ende jedes Kapitels findest du dazu eine Tabelle.

Wie du zu den Abschlusstests kommst, erfährst du auf der nächsten Seite.

So funktioniert der Abschlusstest online

1. So meldest du dich an:

Gehe auf **www.klett.de/allesimgriff** und registriere dich beim ersten Mal mit deiner E-Mail-Adresse und einem von dir selbst ausgewählten Benutzernamen und Passwort.

Bist du registriert, erwartet dich eine Übersicht über alle Übungsbücher dieser Reihe. Klickst du dein Buch an, erhältst du eine Kapitelübersicht.

Gib nun **oben rechts** folgenden **Code** ein:

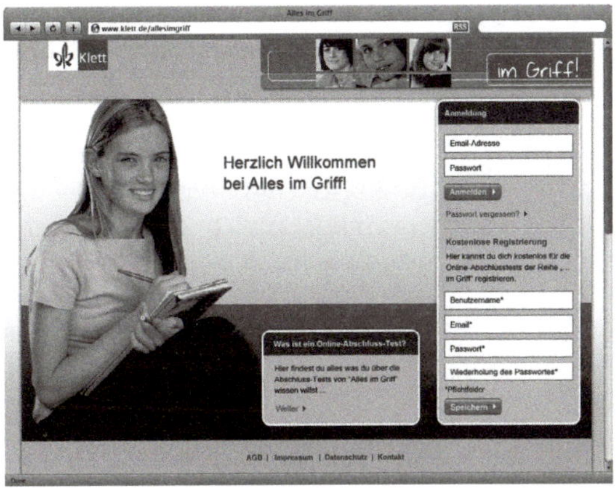

DA5RS05

Die kostenlosen Tests sind nun für dich freigeschaltet.

2. So testest du dich:

Klickst du ein Kapitel an, werden die vorhandenen Tests angezeigt. Jeden Test kannst du beliebig oft wiederholen, mittendrin abbrechen und später beenden. Wenn du **alle** Aufgaben eines Tests gemacht hast, bekommst du eine Auswertung mit deinem Ergebnis und kannst dir die Lösungen anzeigen lassen.

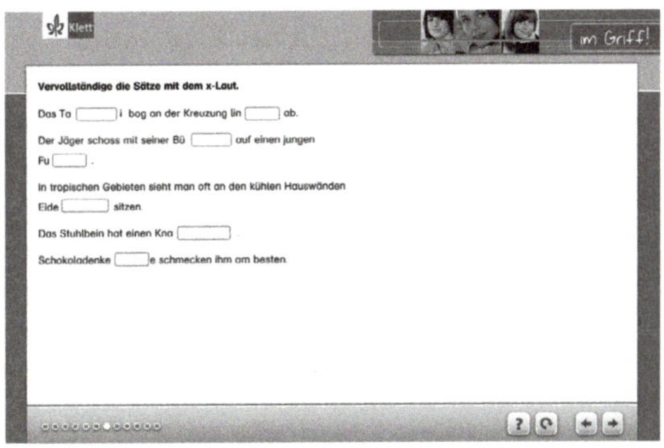

Lerntipps

Ohne Lernbereitschaft kein Erfolg

Du hast sicher schon erfahren, dass man leichter lernt, wenn die Sache Spaß macht. Du weißt ebenso, dass das Lernen nicht immer nur Freude bereitet. Oft müssen wir uns selbst überwinden, und Misserfolge entmutigen uns manchmal. In diesen Fällen versuchen wir dann, uns vor dem Lernen zu drücken.

Zwischen dem Entschluss zu arbeiten und dem tatsächlichen Arbeitsbeginn geht oft viel Zeit verloren. Wir lassen uns durch das Aquarium im Zimmer, durch Musik im Radio, durch ein Gespräch, durch einen Telefonanruf, durch ein Ereignis auf der Straße u. a. m. nur allzu gern ablenken. Du solltest deshalb einmal beobachten, wie viel Zeit vom Entschluss zu arbeiten bis zum tatsächlichen Beginn vergeht. Je schneller du deine Bereitschaft zu lernen in die Tat umsetzt, umso rascher kannst du zum gewünschten Erfolg kommen.

Sobald du das selbst gesteckte Ziel erreicht hast und mit deinem Ergebnis zufrieden sein kannst, solltest du dich belohnen.

Ein behaglicher Arbeitsplatz

Du musst dich an deinem Arbeitsplatz wohlfühlen. Bestimmt kannst du den Arbeitsraum und den Arbeitstisch so zu gestalten, dass du dich gern dort aufhältst.

Entfernen solltest du alles, was dich vom Lernen abhalten könnte. Dagegen muss das übliche Handwerkszeug (Bleistift, Radiergummi, Lineal, Farbstifte, Rechtschreibwörterbuch) stets griffbereit sein, und zwar auf dem Schreibtisch selbst oder in einem Regal in der Nähe. Ein ungeordneter Schreibtisch lenkt ab! Es sollten daher nur die Bücher, Hefte und Werkzeuge auf dem Arbeitstisch liegen, die du für die anstehende Aufgabe gerade benötigst.

Ohne Konzentration geht es nicht

Du wirst beim Rechtschreibtraining nur dann Erfolg haben, wenn du dieser Tätigkeit deine ungeteilte Aufmerksamkeit widmest. Das heißt, du musst dich voll auf die Sache konzentrieren.

Bedenke auch, dass nicht jede Tageszeit für konzentriertes Arbeiten gleich gut geeignet ist. Während wir am Vormittag und am Nachmittag ein ausgesprochenes Leistungshoch haben, liegt etwa in der Zeit zwischen 13.00 Uhr und 15.00 Uhr ein Leistungstief. Daher solltest du dann möglichst nicht lernen.

Alles Geschriebene will überprüft sein

Ohne Überprüfung können Fehler nicht entdeckt werden. Das ist beim Rechtschreiben besonders schlimm, denn ohne Überprüfung können sich möglicherweise falsche Schreibweisen einprägen. So wirst du um einen Übungserfolg gebracht und alle Mühe war umsonst!

Die Lösung jeder Aufgabe findest du im Lösungsteil hinten im Buch.

Fehler sinnvoll berichtigen

Fehler musst du sinnvoll berichtigen, damit du dir keine falschen Schreibweisen einprägst.
Deshalb musst du das falsch Geschriebene wiederholt richtig schreiben.
Du kannst dir hierzu Verbesserungsübungen selbst ausdenken. Folgende Beispiele können dir helfen:

1. Beispiel:

Du hast **Fährmann** falsch geschrieben, z. B. das **h** vergessen.
Nun suchst du und schreibst in diesem Fall weitere Wörter mit der Stammsilbe **fahr** und **fähr** auf:
Fahrwerk, fahren, Fährte, Gefährt, Fahrwasser, ausfahren, er fährt.

Diese Wörter benutzt du nun in Sätzen:
Der Fährmann fuhr über den stürmischen See. …

2. Beispiel:

Du hast **folgsam** falsch geschrieben, z. B. ein **h** bei **-sam** eingefügt.
Nun suchst du weitere Wörter mit der Nachsilbe **-sam**:
erholsam, biegsam, anschmiegsam, geruhsam, furchtsam, schweigsam.
Der Spaziergang ist sehr erholsam.

Wenn du diese Tipps beachtest, wirst du bald weniger Rechtschreibfehler machen und ein Rechtschreibmeister werden.

1 Lang gesprochene Vokale

1.1 Kennzeichnung lang gesprochener Vokale

Kennzeichnung lang gesprochener Vokale

Lang gesprochene Vokale können verschieden gekennzeichnet sein:
- ohne besondere Kennzeichnung (z. B. Vogel),
- durch die Verdoppelung des Vokals (aa, ee, oo),
- durch die Kennzeichnung mit h (ah, eh, ih, oh, uh, äh, öh, üh),
- beim i-Laut durch die Kennzeichnung mit e (ie).

Weil die Kennzeichnung geschriebener Vokale in der deutschen Sprache so verschieden ist, musst du die unterschiedlichen Schreibweisen einzeln lernen und üben. Dabei helfen wir dir auf den folgenden Seiten.

Aufgabe 1

Lies die Wortpaare laut und deutlich. Achte auf die Aussprache der Vokale. Was stellst du fest?

Gramm – Gram	Stiel – still	eben – Ebbe
Hüte – Hütte	füllen – fühlen	irre – ihre
Hof – hoffen	stehlen – stellen	quieken – erquicken
kann – Kahn	satt – Saat	Barren – Bahre
Ruhm – Rum	Staat – statt	Hölle – Höhle
innen – ihnen	alle – Aale	beten – Betten
wir – wirr	lahm – Lamm	Ratte – raten

Aufgabe 2

Unterstreiche die lang gesprochenen Vokale in den Wortpaaren mit einem Unterstrich und die kurz gesprochenen mit einem Punkt.

Gramm – Gram	Stiel – still	eben – Ebbe
Hüte – Hütte	füllen – fühlen	irre – ihre
Hof – hoffen	stehlen – stellen	quieken – erquicken
kann – Kahn	satt – Saat	Barren – Bahre
Ruhm – Rum	Staat – statt	Hölle – Höhle
innen – ihnen	alle – Aale	beten – Betten
wir – wirr	lahm – Lamm	Ratte – raten

Aufgabe 3

Die folgende Wortliste zeigt dir Wörter mit lang gesprochenem Vokal. Ordne diese Wörter in die Tabelle ein:

Märchen, Zahl, Rad, ihnen, rötlich, führen, südlich, sieden, Fähre, Ruhm, Meer, Eigentum, Lohn, Dame, Verkehr, bemoost, Wut, Stil, Söhne, dir, Ofen, Waage, sagen, verwöhnen, Biene.

a, e, i, o, u, ä, ö, ü	aa, ee, oo	ah, eh, ih, oh, uh, äh, öh, üh	ie

Silbenfugen-h

Das Silbenfugen-h wird eingefügt, wenn auf einen lang gesprochenen Vokal ein anderer kurz gesprochener Vokal folgt.

Beispiele: drohen, Krähe, Höhe.

h vor l, m, n oder r

Wenn einem langen Vokal einer der Konsonanten l, m, n oder r folgt, wird meistens ein h eingefügt.

Beispiele: lahm, Huhn, Uhr, Befehl.

Beibehaltung des h im Wortstamm

Das h eines Wortstammes bleibt auch dann erhalten, wenn sich die Form des Wortes ändert.

Beispiele: Befehl, befehlen, befohlen; sehen, sieht, sah, gesehen.

Aufgabe 4

Lies die folgenden Wörter laut. Unterstreiche dabei die Wörter, bei denen das h mitgesprochen wird.

Fohlen, blühen, zähmen, nahen, bekehren, Hühner, drohen, fähig, kühl, hohl,

Krähe, wiehern, besohlen, ziehen, rühmen, verrühren, leihen, bemühen,

Köhler, ausführlich, verzeihen, Ehre, belehren, früher, Ruhe, drehen, Schuhe

Aufgabe 5

Lies die folgenden Wörter laut. Unterstreiche dabei die Wörter, bei denen das h nicht mitgesprochen wird.

Fohlen, blühen, zähmen, nahen, bekehren, Hühner, drohen, fähig, kühl, hohl,

Krähe, wiehern, besohlen, ziehen, rühmen, verrühren, leihen, bemühen,

Köhler, ausführlich, verzeihen, Ehre, belehren, früher, Ruhe, drehen, Schuhe

Aufgabe 6

In den folgenden Beispielen ändert sich die Form von Wörtern, die ein h im Wortstamm haben. Lies sie aufmerksam durch.

früher	→ früh	→ Frühling	→ Frühjahr	→ Frühaufsteher
nahe	→ nah	→ Nahaufnahme	→ Nahverkehr	
befehlen	→ du befiehlst	→ er befahl	→ es war befohlen	
fahren	→ er fuhr	→ du fährst	→ fahrig	→ Gefährte

1.2 Kennzeichnung der langen a-, e-, o-, u-, ä-, ö- und ü-Laute

Aufgabe 7

Das folgende Horoskop wird dir zwar nichts über deine Zukunft verraten, aber es kann dich in die Kennzeichnung lang gesprochener Laute einführen.

Lies es laut und deutlich. Ordne die Wörter mit lang gesprochenem Vokal nach folgender Tabelle in dein Trainingsheft.

lang gesprochene Vokale ohne besondere Kennzeichnung: **a, e, o, u**	lang gesprochene Vokale, gekennzeichnet durch ein eingeschobenes h: **ah, eh, oh, uh, äh, öh, üh**	lang gesprochene Vokale, gekennzeichnet durch eine Verdoppelung von **aa, ee, oo**

Waage (24.9. bis 23.10.)

Bald wirst du ein paar schöne Tage erleben. Wenn du in dieser Zeit an die See fährst, nutze die Gelegenheit zu einer Kahn- oder Bootsfahrt. Bleibe aber vorsichtig, denn Übermut tut selten gut!

Skorpion (24.10. bis 22.11.)

Nimm das Leben von der heiteren Seite und verscheuche trübe Gedanken. Lass die Seele baumeln und verwöhne dich nach den Enttäuschungen der letzten Zeit mit schönen Dingen!

Schütze (23.11. bis 21.12.)

In der nächsten Zeit kannst du das große Los ziehen. Leichtsinn wäre aber gefährlich und könnte dein Glück jäh beenden. Lass dich durch deine Freunde nicht zu unüberlegtem Tun verführen!

Steinbock (22.12. bis 20.1.)

Bald steht Streit ins Haus. Behalte einen kühlen Kopf und versöhne dich so bald wie möglich. Nur so wirst du der Überlegene bleiben!

Lang gesprochene Vokale ohne besondere Kennzeichnung

Aufgabe 18

Trage die Reimwörter ein. Bilde Reime. Schreibe sie auch in dein Heft.

Vase	**plagen**	**Schnaken**	**haben**
N ________	j ________	L ________	R ________
B ________	w ________	qu ________	l ________

Aufgabe 9

Löse das folgende Rätsel.

1					
2		E		E	
3			G		
4		E		E	
5					

1 Dunst
2 Gerät zum Kehren
3 oben spitz zulaufender geometrischer Körper
4 Windtuch für Wasserfahrzeuge
5 Tierhaut

Aufgabe 10

Im magischen Kreis haben sich viele Wörter versteckt. Suche mindestens acht Wörter. Schreibe sie auch in dein Trainingsheft.

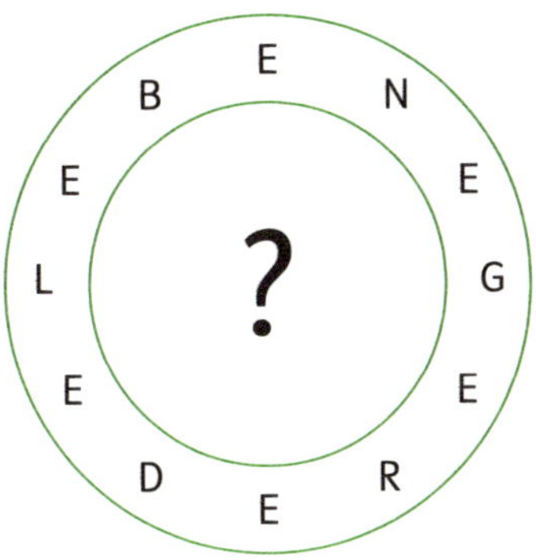

________ ________
________ ________
________ ________
________ ________
________ ________

Aufgabe 11

Bilde zusammengesetzte Wörter. Ein oberes und ein unteres Dreieck gehören jeweils zusammen. Schreibe sie in dein Trainingsheft.

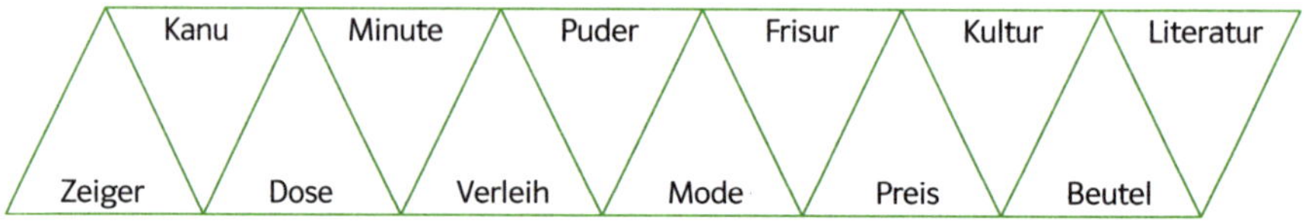

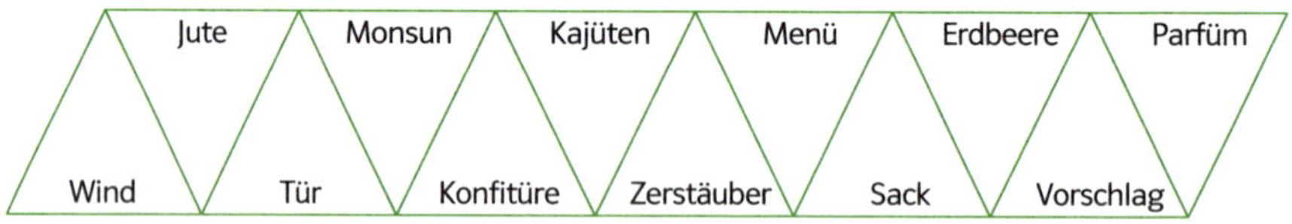

Aufgabe 12

Übertrage die Wörter der folgenden Worttraube in dein Trainingsheft.

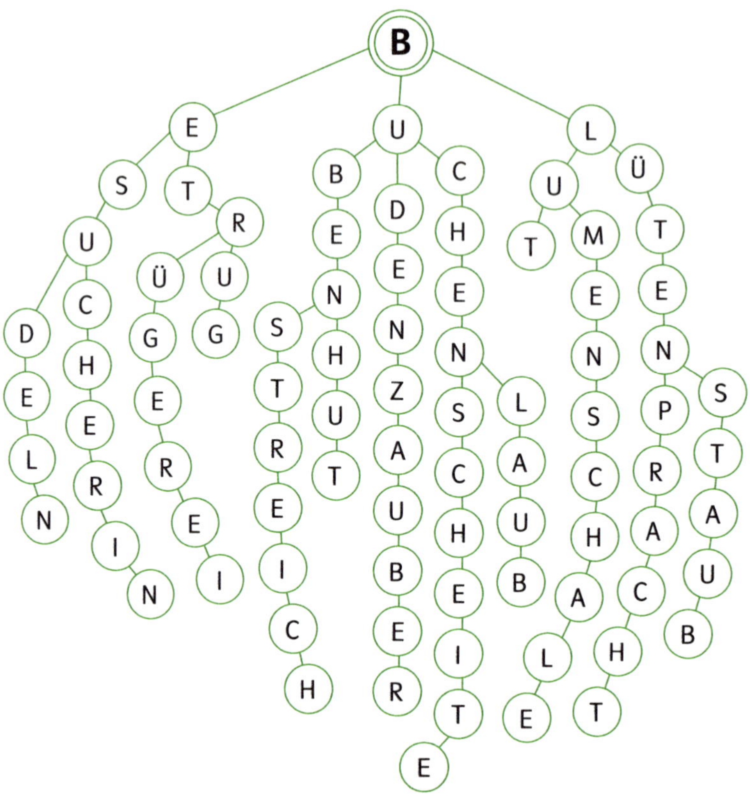

WISSEN ÜBEN TESTEN

Lang gesprochene Vokale mit eingeschobenem h

Aufgabe 13

Trage Reimwörter ein. Schreibe sie auch in dein Trainingsheft.

Bahn	**kahl**	**lahm**
H ______	Pf______	R ______
K ______	W ______	z ______
Z ______	Z ______	

fahren	**mahlen**	**lähmen**
verw ______	pr ______	z ______
aufb ______	str ______	
	z ______	

wählen	**ernähren**	**erwähnen**
verm ______	gew ______	g ______
st ______	verj ______	Str ______

Aufgabe 14

Schreibe ein Wort unter das andere. Ändere jeweils nur den angegebenen Buchstaben. Bei richtiger Lösung muss das letzte Wort Kahn heißen.

M	o	h	n
L			
S			
H			
	u		
	a		
W			
			l
	o		
h			
K			
k	a		
Z			
f			

St			
Pf			
M			
	e		
m			r
M	o		
R			
	u		m
	a		
l			
z			
Z			n
B			
K			

Aufgabe 15

Mit den Wortbausteinen kannst du Wörter bilden. Schreibe möglichst viele in dein Trainingsheft.

ein
an
auf
aus
ab

be
er
un

zahl
zähl

en

bar
ig
los

e
er
in
ung

Aufgabe 16

Im Buchstaben-Irrgarten haben sich zehn Wörter versteckt. Folge immer den Wegen auf dem Plan rechts und du findest sie. Schreibe alle in dein Heft.

E	B	F	Ü	H	L	E
R	L	E	N	S	T	R
Ü	H	K	Ü	H	U	H
H	Ü	Ü	S	L	E	L
M	W	H	R	U	N	L
T	R	N	M	H	H	E
A	E	E	N	H	U	H
U	Z	B	Ü	H	N	N
F	R	U	H	R	E	E

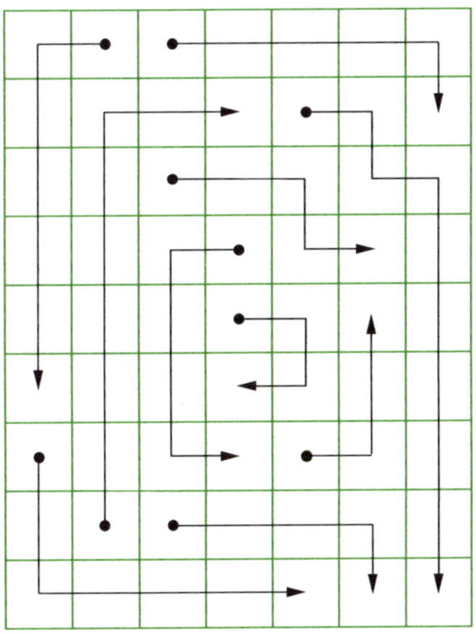

Aufgabe 17

Fülle die Wortpyramide aus.

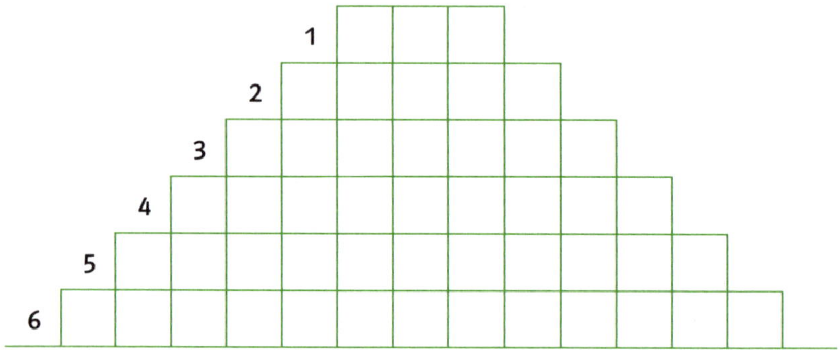

1 Zeitmesser
2 Gerät zum Zerkleinern von Getreidekörnern oder Kaffeebohnen
3 jemand ist bekannt und geehrt/prominent, er ist …
4 mit dem Hund spazieren gehen, den Hund …
5 Fußbekleidung für Wanderungen
6 Volksfest in der Jahreszeit, die am 21. März beginnt

Aufgabe 18

Bilde aus den Wortbausteinen des Märchenbaumes Wörter und schreibe sie in dein Trainingsheft.

Dabei kommt in jedem Wort die Stammsilbe **führ** vor.
Wortbausteine aus der Baumkrone stehen am Anfang und Wortbausteine des Falllaubes am Ende eines Wortes.

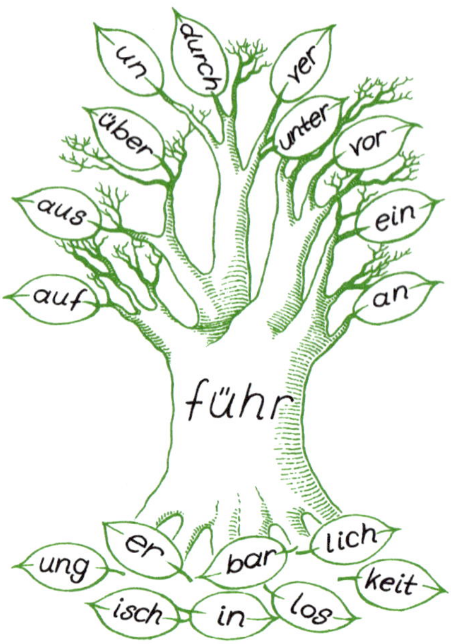

Durch Verdoppelung gekennzeichnete lange Vokale

Verdoppelung nach lang gesprochenem Vokal

Es gibt nur wenige Wörter, in denen der lang gesprochene Vokal durch die Verdoppelungen aa, ee oder oo gekennzeichnet ist.

aa: Aal, Aas, Haar, paar, Paar, Saal, Saat, Staat, Waage

ee: Beere, Beet, Fee, Heer, Klee, scheel, Schnee, See, Seele, Speer, Tee, Teer
dazu **Fremdwörter mit ee im Wortausgang**:
Armee, Idee, Kaffee, Klischee, Tournee, Püree

oo: Boot, doof, Moor, Moos, Zoo

Aufgabe 19

Setze die Wörter zusammen und schreibe sie in dein Trainingsheft.

Eltern, hufer, Ehe, lauf – Paar / paar

Haupt, tracht, Bart, farbe – Haar / haar

Winter, getreide, Zwischen, beet – Saat / saat

König(s), ordner, Tanz, tür – Saal / saal

Fluss, suppe, See, fang – Aal / aal

Ameisen, (s)bahn, Insel, (s)besuch – Staat / staat

Aufgabe 20

Suche die Wörter mit aa und ä im Wörterversteck. Umrahme sie mit einem Farbstift. Schreibe sie in dein Trainingsheft.

O	S	Ä	L	E	Y	I	G
P	Ä	R	C	H	E	N	L
X	M	O	L	I	N	F	R
W	A	X	P	S	Ä	E	N
A	N	N	A	F	X	H	S
A	N	I	A	A	S	K	A
G	Q	S	R	I	L	J	A
E	I	S	S	T	A	A	T

Aufgabe 21

Hier ist etwas durcheinandergeraten. Schreibe die Wörter richtig in dein Trainingsheft.

Meerfass

Lorbeersalz

Teerblatt

Märchenbeere

Bodenfee

Erdsee

Kaffeespitze

Speerglas

Geleesieb

Aufgabe 22

Löse das folgende Rätsel:

Waagerecht:

1 Getränk
2 eingedickter Fruchtsaft
3 Wasserfläche zwischen Deutschland, Österreich und der Schweiz
4 immergrüner Strauch
5 etwas ohne Inhalt ist …
6 zu Kristallen gefrorene Wassertropfen
7 kleines Feld mit Blumen
8 Gedanke, Einfall
9 Lauchgemüse
10 Kartoffelbrei
11 Wurfspieß

Senkrecht:

1 mit Bäumen gesäumte Straße
2 Straßenbelag
3 Streitmacht eines Landes
4 islamisches Gotteshaus
5 Blütenpflanze aus den Tropen
6 Früchte an Sträuchern
7 große Wassermenge auf der Erde
8 geistlicher Betreuer

1.6 Stolpersteine I

Gleich gesprochen – unterschiedlich geschrieben

Folgende Wörter werden gleich gesprochen; sie werden aber unterschiedlich geschrieben und haben verschiedene Bedeutungen. Die unterschiedlichen Bedeutungen sind durch die Schreibweisen **a**, **aa** oder **ah** zu erkennen:

ein Denkmal

ein köstliches Mahl

2×5

zwei mal fünf

malen

mahlen

Waage

Wagen

Wal

Wahl

Aal – Ahle

Name – Aufnahme

war – wahr

Aufgabe 23

Setze die auf der linken Seite vorgegebenen Wörter an der richtigen Stelle ein. Schreibe den Text zur Übung in dein Trainingsheft.

Er kaufte im Fischgeschäft einen geräucherten ____________ .

Der Schuhmacher bohrt mit seiner ____________ Löcher ins Leder, um nähen zu können.

Zum 80. Geburtstag meiner Großmutter waren viele Leute zum Fest________ eingeladen.

Auf unserem Marktplatz steht ein Krieger________________ .

Er hat mich gestern drei____________ angerufen.

Alexandra hat ein Mutter____________ am Hals.

Fünf ____________ sieben ist fünfunddreißig.

Der Weingärtner fährt seinen ____________ voller Trauben auf die ____________ an der Kelter.

Bei der Auf____________ des Unfalls schrieben die Polizisten zunächst die ____________ der Unfallbeteiligten auf.

Ob die Schilderung des Unfallhergangs ____________ ist, wird noch geprüft.

Großmutter ____________ ihren Kaffee in einer Handmühle.

Gestern durften wir in der Schule ein Urlaubsbild ____________ .

Stefan hat diese Woche zum zweiten ____________ in der Schule gefehlt.

Die Fischer haben einen ____________ gefangen.

Unser Bürgermeister hat die ____________ verloren.

Gleich gesprochen – unterschiedlich geschrieben

Folgende Wörter werden gleich gesprochen; sie werden aber unterschiedlich geschrieben und haben verschiedene Bedeutungen:

denen – **dehnen**

Heer (Kriegsheer) – **hehr** (heilig, erhaben) – **her** (zu mir herkommen)

leeren – **lehren**

Meer (Weltmeer) – **mehr**

wert – **wehrt** (sich gegen etwas wehren)

Boote

Bote

Bowle

Bohle

hol! – **hohl**

Sole (Salzsole) – **Sohle**

Aufgabe 24

Setze die auf der linken Seite vorgegebenen Wörter an der richtigen Stelle ein. Schreibe den Text zur Übung in dein Trainingsheft.

Die Briefe werden vom Post_____________ gebracht.

Zum Bergrennen hat sich ein _____________ von Zuschauern eingefunden.

Die Welt_____________ bedecken zwei Drittel der Erdoberfläche.

Im Hafen ankern viele Segel_____________.

Die Maurer legen eine dicke _____________ über den Graben.

In seiner Schuh_____________ ist ein Loch.

Die Mülltonne wird von der Müllabfuhr _____________.

Der Lehrer _____________ die Kinder neue Sprachen.

Süßigkeiten schmecken mir so gut, dass ich immer _____________ davon haben will.

Er _____________ sich gegen den Vorwurf, ein Lügner zu sein. Sein guter Ruf ist es _____________, dafür zu kämpfen.

Kennzeichnung der langen i-Laute

Kennzeichnung langer i-Laute

1. Der lang gesprochene Vokal wird als **i** gekennzeichnet:
   - in wenigen einheimischen Wörtern
     (dir, mir, gib)
   - bei eingebürgerten Lehnwörtern
     (Bibel, Biber, Brise, Fibel, Igel, Liter, Nische, Primel, Tiger …)
   - bei Fremdwörtern im Wortinneren
     (Archiv, Benzin, Margarine, Vitamin …)

2. In vielen Wörtern wird der lang gesprochene Vokal als **ie** gekennzeichnet:
   - bei Biene, Brief, biegen, niedrig …
   - bei Wörtern, die mit -ier oder -ieren enden
     (Klavier, spazieren …),
   - bei fremdsprachlichen Wörtern, die mit einem lang gesprochenen i-Laut enden
     (Biologie, Genie, Lotterie …),
   - Bei Konjugationsformen von Verben
     (bleiben, ich blieb, du bliebst, wir blieben, geblieben …)

3. Das **ih** steht nur in folgenden Wörtern:
   ihm, ihn, ihnen, ihr.

4. Das **ieh** begegnet dir nur im Wort Vieh oder bei Konjugationsformen von Verben (stehlen – er stiehlt) und als silbentrennendes h (fliehen – er flieht).

Aufgabe 25

Löse das Leiterrätsel.

Wüstenbewohner	B _ _ _ _ _ _
Zupfinstrument	M _ _ _ _ _ _ _ _
pflanzliches Speisefett	M _ _ _ _ _ _ _ _
Süßigkeit	P _ _ _ _ _ _
Südfrucht	A _ _ _ _ _ _ _ _
Salbenfett	V _ _ _ _ _ _ _
Geige	V _ _ _ _ _ _
Speiseraum	K _ _ _ _ _ _
getrocknete Weinbeere	R _ _ _ _ _
Seestreitmacht	M _ _ _ _ _
Geläufigkeit, Übung	R _ _ _ _ _ _
lebenswichtige Stoffe in der Nahrung	V _ _ _ _ _ _ _
verfallenes Bauwerk	R _ _ _ _
Sichtweise	P _ _ _ _ _ _ _ _ _ _
Suppenschüssel	T _ _ _ _ _ _

Die Lösungswörter heißen nach dem Alphabet geordnet:

Apfelsine, Beduine, Kantine, Mandoline, Margarine, Marine, Perspektive, Praline, Rosine, Routine, Ruine, Terrine, Vaseline, Violine, Vitamine.

Wie heißt das Lösungswort?
Lies dazu das Wort auf der „Leiter" von oben nach unten.

____

Aufgabe 26

Bilde zusammengesetzte Substantive und schreibe sie in dein Trainingsheft.

Benzin	Student
Nikotin	Feger
Kapitän(s)	Kabel
Kamin	Vergiftung
Medizin	Kanister
Liter	Übersetzung
Fibel	Stativ
Tiger	Mütze
Foto	Maß
Mikrofon	Seite
Bibel	Tag
Martin(s)	Fell

Aufgabe 27

Bilde Verben, indem du die Buchstaben wie angegeben veränderst.

z	→	z	→			sch	→			l	→			b		w		s	→			st
i	→	i	→		→		→		→		→		→		→		→		→		→	
e	→	e	→		→		→		→		→		→		→		→		→		→	
r		h		l	→			b	→			g	→		→		→			b		r
e	→	e	→		→		→		→		→		→		→		→		→		→	
n	→	n	→		→		→		→		→		→		→		→		→		→	

Aufgabe 28

Vertausche die Vokale bei den angegebenen Wörtern.
Schreibe die Ergebnisse in dein Trainingsheft.

Star	Gabel	lügen
Rose	Bar	loben
Bär	Regel	quaken
Tor	Segel	schaben
vor	Käfer	schmoren
Sog	Säge	Spaß

w**a**gen → **ie** → w**ie**gen

Aufgabe 29

Setze folgende Wörter in die Lücken ein:

Deponie – Energie – Epidemie – Galerie – Garantie – Harmonie – Lotteriespiel – Melodie

Der Musiklehrer übte für ein Schulfest die ____________________ eines Musikstückes so lange, bis alle Stimmen in ____________________ zusammenklangen.

Die Lust am Musizieren hatte die Schüler wie eine ____________________ erfasst. Obwohl sie alle sehr viel ____________________ aufbrachten, hatten sie nicht die ____________________, dass es bei der Aufführung auch so harmonisch klingen würde. Schon die Raumakustik machte das Unternehmen zu einem ____________________, denn beim Schulfest sollten sie auf der ____________________ der Festhalle untergebracht werden. Nur dort war die ____________________ der Musikinstrumente möglich.

Aufgabe 30

Beim Scrabble wurde Folgendes gelegt. Fülle die Lücken und baue das Spiel weiter aus.

1.8 Stolpersteine II

Gleich gesprochen – unterschiedlich geschrieben

Folgende Wörter werden gleich gesprochen; sie werden aber unterschiedlich geschrieben und haben verschiedene Bedeutungen.

Lid – Lied

Ute hat die Augenlider geschlossen.

die Melodie eines Liedes

Mine – Miene

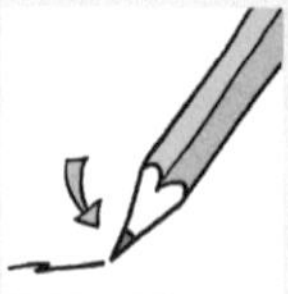

Die Bleistiftmine ist spitz.

Jochen zeigt eine traurige Miene.

Stil – Stiel – er stiehlt

ein Fenster im gotischen Baustil

Der Besenstiel ist krumm.

Er stiehlt.

Wider und wieder

Du schreibst **wider**, wenn das Wort im Sinn von „gegen“ gebraucht wird, aber **wieder**, wenn das Wort die Bedeutung von „abermals, erneut (wiederholen)“ hat.

Aufgabe 31

Setze die auf der linken Seite vorgegebenen Wörter an der richtigen Stelle ein. Schreibe den Text zur Übung in dein Trainingsheft.

Die Wanderer singen ein frohes ____________________ .

Der Augenarzt untersucht das verletzte ____________________ .

Er ____________________ einen Apfel vom Baum.

Der Schaufel____________________ ist abgebrochen.

Er schreibt einen flüssigen ____________________ in seinem Aufsatz.

Frieder machte eine schlechte ____________________ , als ihm die ____________________ seines Bleistifts während der Klassenarbeit abbrach.

Aufgabe 32

Ergänze den Lückentext mit folgenden Wörtern:

wiederholen, wieder, Widerhall, widersetzen, wieder, widerwillig, Widerspruch

Auch in diesem Jahr ist Thomas mit seinen Eltern ____________________ in die Berge gefahren. Wenn er jodelt, wartet er auf den ____________________ . Immer ____________________ probiert er es. Das geht so lange, bis Mutter ____________________ einlegt.

Thomas möchte sich nicht ____________________ ; ____________________ lässt er die Jodelei. Aber morgen wird er sie ____________________ .

Diktate

Folgende Texte kannst du dir diktieren lassen. Es ist aber auch möglich, dass du sie aufnimmst und dann abhörst und aufschreibst.

Aufgabe 33

Der Teufelsdamm

Am Rande eines großen Moores wohnte einmal ein Müller. Wenn er in die umliegenden Dörfer fuhr, ärgerte er sich immer wieder über die langen Umwege, zu denen ihn das Moor zwang. Eines Tages stieß er deshalb einen ganz besonders derben Fluch aus. Da stand plötzlich der Teufel vor ihm und bot seine Hilfe an. Der Müller versprach ihm sein einziges Kind, wenn er ihm bis zum ersten Hahnenschrei einen steinernen Damm durch das Moor baue. Der Leibhaftige ging darauf ein und arbeitete in der Nacht so emsig, dass dem Müller angst und bange wurde, denn er hatte die Arbeit für undurchführbar gehalten. Doch bald nach Mitternacht war der Damm schon bis auf wenige Schritte fertig. Da zog der Müller seine Lederhosen an, steckte einen Hahn in einen Sack und lief rasch ans Ende des Dammes. Hier schlug er mit der flachen Hand mehrmals auf seine Lederhose. Das klang, als schlüge ein gerade erwachter Hahn mit den Flügeln. Als das der Hahn im Sack hörte, begann er zu krähen, und der Teufel kam um seinen Lohn.

(Volkssage)

Aufgabe 34

Vom Küchenjungen in Dornröschens Schloss

Sein Chef, der Koch, ließ ihn immer nur Zwiebeln schneiden. Und nie schnitt der Küchenjunge dem Koch die Zwiebeln fein genug. Der Junge hatte schon eine Triefnase und rot verheulte Augen von der vielen Zwiebelschneiderei, aber der Koch kannte kein Erbarmen. „Bevor du die Zwiebel nicht so fein schneidest, dass man sie mit der Zunge zerdrücken kann, bekommst du keine Kartoffel in die Finger“, pflegte er zu sagen und manche Leute meinen, dass daher der Ausdruck „zwiebeln“ kommt, der so viel wie quälen heißt. Und so tat der Küchenjunge etwas, was zu Dornröschens Zeiten höchst ungewöhnlich war – er protestierte. Der Koch hob die Hand zu einer saftigen Ohrfeige. Aber genau in dieser Sekunde stach sich Dornröschen mit der Spindel in den Finger und alle sanken augenblicklich in tiefen Schlaf.

(Irmela Brender)

Online-Abschlusstest 1

Super! Du hast das **Kapitel 1 – Lang gesprochene Vokale** durchgearbeitet. Dabei hast du wiederholt, dass lange Vokale ganz verschieden gekennzeichnet sein können.

So funktioniert der Online-Test:
Unter **www.klett.de/allesimgriff** kannst du jetzt deinen Lernerfolg überprüfen. Zu allen Themen dieses Kapitels werden dir Aufgaben gestellt. Wenn du sie bearbeitet hast, erhältst du am Ende des Tests eine Auswertung.

Willst du immer im Blick haben, welche Themen du schon kannst oder was du besser nochmals wiederholst? Dann übertrage deine Online-Ergebnisse unten in die Tabelle.
Du findest in der Tabelle alle Themen wieder, die du auch online bearbeitet hast.

Mein Ergebnis im Online-Test – Kapitel 1

Thema	Mein Ergebnis
Die Kennzeichnung lang gesprochener Vokale	
Kennzeichnung der langen i-Laute	
Gleich gesprochen – unterschiedlich geschrieben	

2 Kurz gesprochene Vokale

2.1 Kennzeichnung kurz gesprochener Vokale

Kennzeichnung kurz gesprochener Vokale

1. Folgen auf einen Vokal zwei oder drei verschiedene Konsonanten, so ist der Vokal in der Regel kurz (Schrank, Salz, schimpfen …).
2. Folgt auf einen kurzen Vokal nur ein einzelner Konsonant, so wird der kurz gesprochene Vokal durch Verdoppelung des Konsonantenbuchstabens gekennzeichnet (schlaff, Egge, üppig, Nummer …).
3. Für k und z gilt eine besondere Regelung: statt **kk** schreibt man **ck** und statt **zz** schreibt man **tz** (locken, schützen …).

Aufgabe 1

Ordne diese Wörter mit kurz gesprochenem Vokal aus der Wortliste in eine Tabelle nach folgendem Muster. Schreibe die Tabelle in dein Trainingsheft.

~~Sekt~~, ~~ackern~~, ~~verebben~~, ~~flitzen~~, kupfern, schleppen, rennen, Pflock, Flanke, schlank, kribbeln, dürr, Mütze, Katze, Lump, stärken, Pudding, Dutzend, Schwamm, vermummen, welken, retten, Sessel, Volk, Sumpf, schlaff, fallen, Imker, Brücke, Pakt, Elle, Paddel, Mark, flaggen, Dank, Perücke

Konsonanten-häufung	Konsonanten-verdoppelung	ck und tz
Se**kt**	vere**bb**en	a**ck**ern fli**tz**en

Aufgabe 2

Löse das Rätsel. Bei richtiger Lösung findest du ein Lösungswort, in dem zwei kurz gesprochene Vokale auftauchen, denen jeweils zwei unterschiedliche Konsonanten folgen. Wie heißt es?

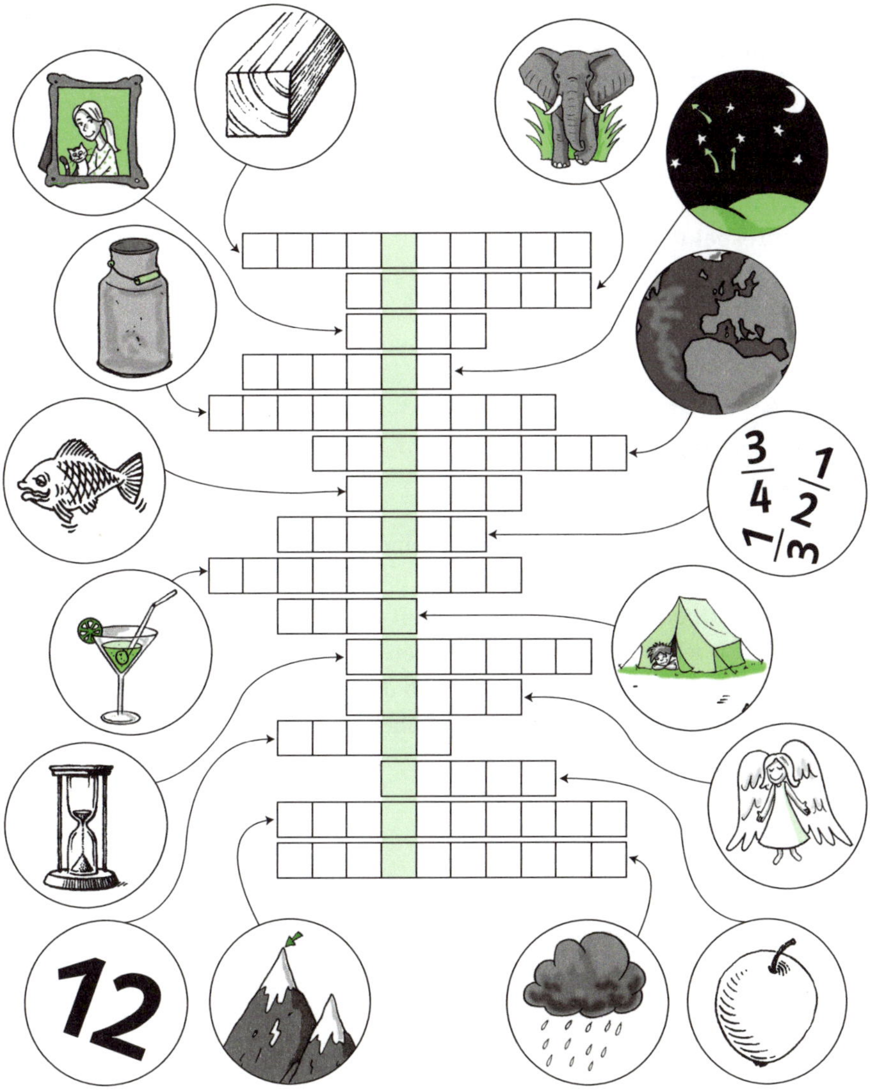

2.2 Kennzeichnung durch zwei oder drei verschiedene Konsonanten

Aufgabe 3

Lies den Prospekt laut und deutlich. Schreibe die Wörter, bei denen auf einen kurz gesprochenen Vokal zwei oder mehrere Konsonanten folgen, auf und unterstreiche die gehäuften Konsonanten.

Beispiel:

Reiseprospekt

Wenn Sie von der Bergwelt begeistert sind, finden Sie hier etwas Einmaliges.
Unsere Mitarbeiter haben ausgefallene Touren gefunden. Doch keine Angst, wir trainieren Sie und steigern Ihre Kondition. Die Mühen des Bergsteigens werden durch vielfältige Blicke über die Alpen belohnt …

Aufgabe 4

Finde die passenden Reimwörter.

Schmalz	**Falken**	**melken**
S ______________	B ______________	w ______________
M ______________	k ______________	N ______________

Wild	**Gehalt**	**Sumpf**
B ______________	Gest ______________	Str ______________
Sch ______________	k ______________	st ______________

Zwirn	**Wort**	**Schmerz**
St ______________	H ______________	Sch ______________
H ______________	Sp ______________	H ______________

Mark

st ______________

Qu ______________

Aufgabe 5

Setze ld, lt, mt, nd, nt, rd oder rt ein. Schreibe dann die Wörter zur Übung in dein Trainingsheft.

Sa______, Schwa______e, ka______, E______e, Spa______e,

Bü______e, Ka______e, Bi______er, He______e, fi______en,

fa______en, Gedu______, Ho______e, Fa______e, Ta______e,

Bä______er, ha______en, Rä______er, Kä______e, versäu______

2.3 Kennzeichnung durch Verdoppelung eines Konsonanten

Aufgabe 6

Lies das Gedicht „Verkehrte Welt" laut und deutlich. Unterstreiche die auf einen kurzen Vokal folgenden Doppelkonsonanten.

Beispiel: *Paddelboot*

Verkehrte Welt

Mit einem Paddelboot und ohne Geld
fuhr ich kürzlich zur verkehrten Welt:

wo der Käfer schwabbelt
und der Pudding krabbelt;

wo der Roggen wird geritten
und der Rappe wird geschnitten;

wo die Hunde gellen
und Sirenen bellen;

wo die Funken schwimmen
und die Fische glimmen;

wo die Schweine büffeln
und die Schüler schnüffeln;

wo die Tiere essen
und die Menschen fressen;

wo die Trompeten klettern
und die Affen schmettern;

wo Flammen rennen
und die Kinder brennen;

wo die Hunde schnurren
und die Katzen knurren;

wo Gewitter rollen
und die Bälle grollen.

Aufgabe 7

Aus schroff wird Pantoffel. Schreibe die Wörter nacheinander in die Tabelle.

	off	
schr		
Sauerst		
		en
h		
betr		
getr		
bes		
K		er
H		nung
St		el
Kart		
Pant		

Aufgabe 8

Hier wird gezaubert. Schreibe die neuen Wörter in dein Trainingsheft.

Aufgabe 9

Setze die richtigen Rätselwörter ein.

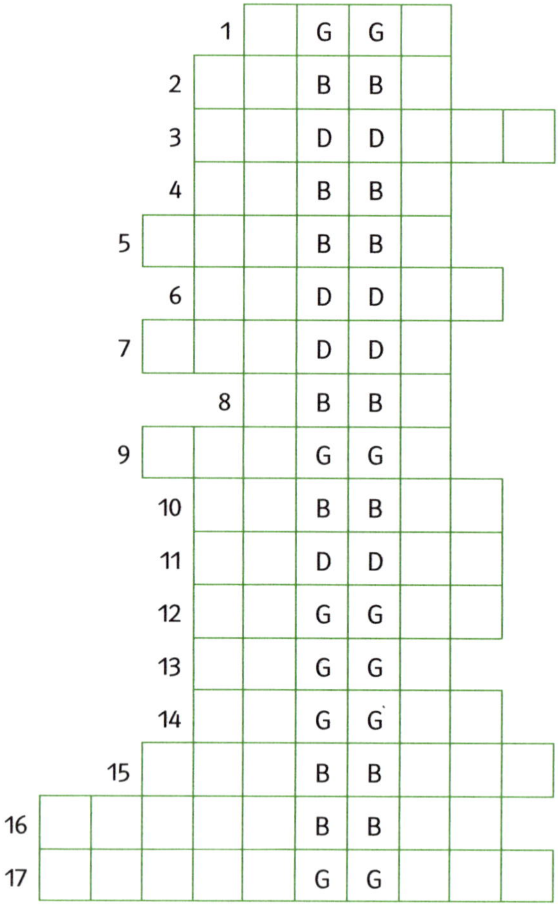

1 Arbeitsgerät des Landwirts
2 Freizeitbeschäftigung
3 Süßspeise
4 Seehund
5 Krebstier
6 kurzes Ruder
7 Notizheft
8 Gegenteil von Flut
9 Fahne
10 wöchentlicher Feiertag der Juden
11 männliches Schaf
12 Getreideart
13 Hunderasse
14 Baumaschine
15 Bewegungsart des Kleinkindes
16 etwas mit einer Bürste säubern
17 den Zoll hintergehen

Aufgabe 10

Reime und schreibe die Verse anschließend in dein Trainingsheft.

Was man alles kann:

Auf die Nase ______________________,

mit der Peitsche ______________________.

Auf den Kopf sich ______________________,

an der Haustür ______________________.

Wie ein Löwe ______________________,

einen Eimer ______________________.

Eine Kugel ______________________,

wie der Donner ______________________.

Aufgabe 11

Bilde Reime. Schreibe sie auch in dein Trainingsheft.

schwimmen	**Lamm**	**Kummer**	**Kammer**
kl ____________	K ____________	S ____________	H ____________
gl ____________	St ____________	Schl ____________	J ____________
st ____________	Schw ____________		

dumm	**Stummel**	**Lümmel**
st ____________	H ____________	K ____________
kr ____________	B ____________	

Aufgabe 12

Mit etwas Grips findest du zwölf Wörter.
Schreibe sie in dein Trainingsheft.

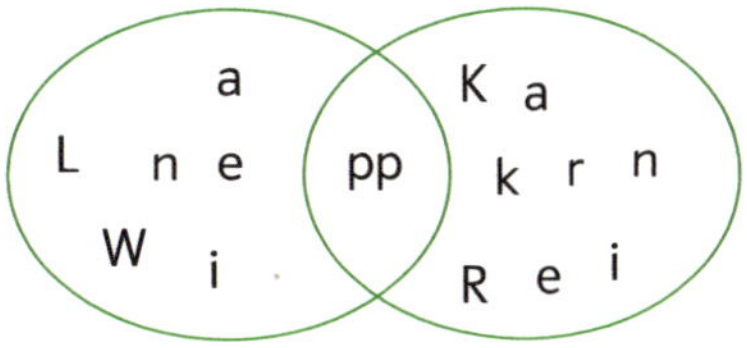

Aufgabe 13

Setze die unten aufgeführten Wörter in die Rätseltreppe ein.

I	M	M											
	A	M	M										
			M	M									
S	C	H		M	M								
					M	M							
		R				M	M						
						I	M	M					
		T	Z					M	M				
			R	S					M	M			
			V							M	M		
A									M	M			
		B						M	M				
							M	M					
			Z			M	M						
	Ü				M	M							
		W		M	M								
S			M	M									
H		M	M										
	M	M											

Abendschimmer, immer, Kammer, Türsummer, Kabeltrommel, Flammen, stimmen, Gewimmer, Schwimmer, Klavierstimmer, überstimmen, überschwemmen, hemmen, Haarklemmen, verstummen, Katzenjammer, Ammen, Schimmel, Holzhammer

Aufgabe 14

Hier sind zusammengesetzte Wörter etwas durcheinandergeraten. Überlege und schreibe sie richtig auf.

Schubgeschirr	Goldzerrung	Dörrsinn
Pferdeherr	Muskelpfarrer	Starrholz
Hauskarren	Stadtbarren	Sperrobst

Aufgabe 15

Bilde zusammengesetzte Wörter. Ein oberes und ein unteres Dreieck gehören jeweils zusammen. Schreibe die Wörter in dein Trainingsheft.

Wirr-	Irr-	Pfarr-	Zerr-	Herr-	Sperr-
amt	schaft	tum	stunde	kopf	bild

Schnurr-	Schirr-	Narren-	Kinder-	Geschirr-	Hunde-
meister	kappe	geplärr	geknurr	schrank	bart

Aufgabe 16

Finde Reimwörter. Schreibe sie in dein Trainingsheft.

Futter	Schritte	Latte	Bett	schlittern	Flotte
B_____	Tr_____	M_____	n_____	kn_____	Kar_____
M_____	B_____	R_____	f_____	w_____	Gr_____
K_____	M_____	W_____	Br_____	z_____	Klam_____

2.4 Stolpersteine

Drei gleiche Konsonanten

Bei Wortzusammensetzungen kann es dazu kommen, dass nach einem kurz gesprochenen Vokal ein Doppelkonsonant und ein gleicher einfacher Konsonant aufeinandertreffen. **Alle drei Konsonanten bleiben erhalten.**

Beispiele: Donaudampfschi**fff**ahrtsgesellschaft, Meta**lll**euchter, Mü**lll**ager, Gewi**nnn**ummer, Fe**ttt**opf, Fe**ttt**ropfen, Werksta**ttt**ruppe.

Aufgabe 17

Ordne den vorgegebenen Wörtern die Legeplättchen durch Pfeile zu und schreibe die zusammengesetzten Wörter in dein Trainingsheft.

Papp	
Sauerstoff	
Ballett	
Fett	
Blatt	
Stoff	
Brikett	
Nepp	
Schutt	
Kompott	

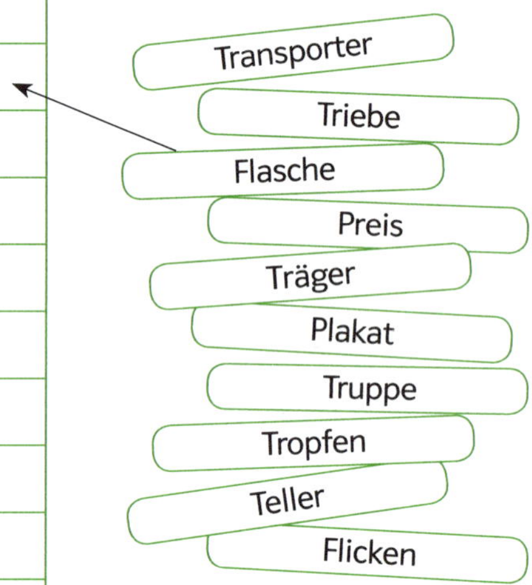

Aufgabe 18

Ein Schiffbrüchiger hinterlegte für seine Freunde eine Nachricht auf einer einsamen Insel. Um sie geheim zu halten, schrieb er Silbe um Silbe untereinander. Entziffere den Text und schreibe ihn mit den Satzzeichen in dein Trainingsheft.

BEI	TEN	VIER	GRUND	TALL	FET
LETZ	KON	NACH	WERT	LEUCH	ZEN
TEM	TROLL	EX	VOL	TER	BRANNT
HALT	LAM	PLO	LE	UND	WEIN
SAU	PEN	SION	LA	WEIN	MIT
ER	BALD	SCHIFF	DUNG	BRAND	AL
STOFF	ÜBER	EINE	AN	FÄS	TER
FLA	HIT	HAL	BORD	SER	NUM
SCHEN	ZUNG	BE	SUCHT	IN	ME
GE	IM	MEI	HIN	MEI	RIE
LA	LA	LE	TER	NER	RUNG
DEN	GER	VOR	WERK	KO	
AUF	RAUM	IN	STATT	JE	K.
SEE	NUM	SEL	TÜR	IN	S.
ZEIG	MER	AUF	ME	STOFF	OL
					SEN

ck und tz

1. Statt kk schreibt man **ck**.
   Ausnahmen sind Fremdwörter wie Marokko, Mokka, Sakko.
2. Statt zz schreibt man **tz**.
   Ausnahmen sind Fremdwörter wie Nizza, Intermezzo, Pizza.

Aufgabe 19

Lies dir den Text durch.

Wie wird das Wetter?

Mit fortschreitendem Ausgleich der Gegensätze des Luftdrucks klingt die drückende Hitze der letzten Tage ab. Das Wetter wird dann von einem derzeit zwischen Marokko und Nizza sitzenden Tief beeinflusst. Aufkommende Quellbewölkung führt zu Wärmegewittern, die uns Blitz und Donner bescheren. Doch das bleibt nur ein Intermezzo; schon am Sonntag lockert die Bewölkung wieder auf. Bei angenehmen Temperaturen sollten Sie daher das Wochenende für einen Spaziergang nutzen.

Ordne die Wörter, in denen ein kurz gesprochener Vokal durch ck (oder kk) und durch tz (oder zz) gekennzeichnet ist, in die Tabelle ein.

ck	(kk)	tz	(zz)

Aufgabe 20

Hier ist etwas durcheinandergeraten. Schreibe die zusammengesetzten Substantive richtig in dein Trainingsheft.

Platzfleisch	Scharfritze	Glatzmaus
Schatzregen	Feuerschütze	Blitzkopf
Sitzgräber	Mauerspritze	Spitzlicht

Aufgabe 21

Hier wird gezaubert. Schreibe die neuen Wörter mit ck in dein Trainingsheft.

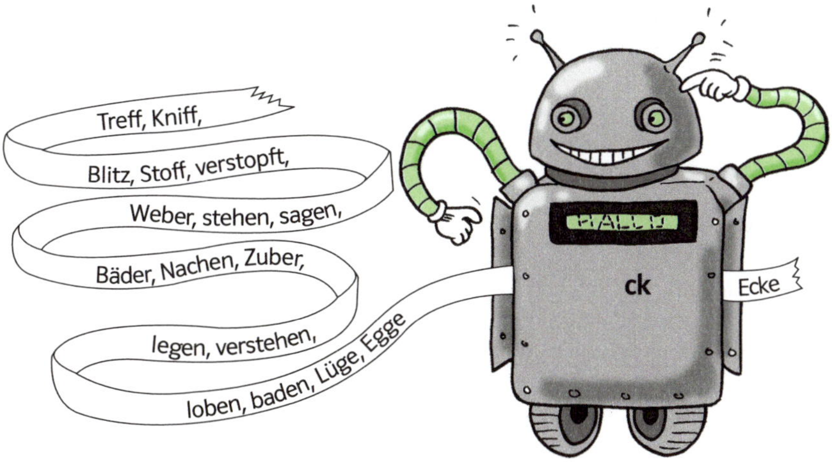

Aufgabe 22

Bilde aus den Wörtern oder Silben aus Feld 1 und Feld 2 jeweils zusammengesetzte Substantive. Schreibe sie in dein Trainingsheft.

Feld 1

LACK TRICK STRICK SCHECK BACK BLOCK WECK SPECK SCHRECK STÜCK SPICK LOCK RÜCK

Feld 2

LEITER HEFT SCHOKOLADE SEITE SEKUNDE MEHL KISTE FAHRT VOGEL ZAHL STUBE ZETTEL SCHUHE

Aufgabe 23

Bilde Wörter und schreibe sie alle in dein Trainingsheft.

Spit = / Glat = / Hit = / Rit = → ze

schlit = / schät = / stüt = / wet = → zen

Schwät = / Schnit = / Spit = / Sprit = → zer

bespit = / schnit = / kit = / wit = → zeln

Diktate

Die beiden folgenden Texte kannst du dir diktieren lassen.
Es ist aber auch möglich, dass du sie aufnimmst. Du kannst sie dann abhören und aufschreiben.

Aufgabe 24

Der hungrige Araber

Ein Araber hatte sich in der Wüste verirrt und schon mehrere Tage nichts mehr zu essen gefunden. Er war dem Hungertode nahe und schleppte sich völlig entkräftet zu einer Wasserstelle. Hier sah er die Spuren vieler Kamele im Sand, eine Karawane musste den Platz erst vor kurzer Zeit verlassen haben. Plötzlich fiel sein Blick auf ein prall gefülltes Ledersäckchen. Er hob es auf und befühlte es und da er meinte, es enthalte Datteln oder Nüsse, sah er sich schon gerettet. Mit zitternden Händen öffnete er das Säckchen, blickte hinein und ließ es dann enttäuscht fallen.
„Ach", rief er voll Traurigkeit aus, „es sind nur Perlen!"

(nach Johann Gottfried Herder)

Aufgabe 25

Auf dem Rummelplatz

Auf Pappplakaten wird überall das Sommerfest angekündigt. Vom Festplatz schallt laut die Musik. An den Ständen bietet man zuckersüße Schleckereien, gebrannte Mandeln und Pizza an. Andere preisen ihren glitzernden Schnickschnack. Ein Losverkäufer verspricht, dass jedes vierte Los eine Gewinnnummer ist. Der erste Preis ist eine Schifffahrt auf der Donau. Bei der Schießbude kann man Papierblumen, Lebkuchenherzen und Stofffiguren gewinnen. Doch als Held des Platzes gilt Kasimir, der stärkste Mann. Für fünfzig Pfennig Eintritt kann man ihn zackig zweieinhalb Zentner stemmen sehen.

Online-Abschlusstest 2

Glückwunsch! Du hast das **Kapitel 2 – Kurz gesprochene Vokale** durchgearbeitet. Dabei hast du gelernt, wie kurz gesprochene Vokale gekennzeichnet werden, z. B. durch zwei oder drei verschiedene Konsonanten und du hast dir die besonders schwierigen Wörter (Stolpersteine) genau angesehen.

So funktioniert der Online-Test:
Unter **www.klett.de/allesimgriff** kannst du jetzt deinen Lernerfolg überprüfen. Zu allen Themen dieses Kapitels werden dir Aufgaben gestellt. Wenn du sie bearbeitet hast, erhältst du am Ende des Tests eine Auswertung.

Willst du immer im Blick haben, welche Themen du schon kannst oder was du besser nochmals wiederholst? Dann übertrage deine Online-Ergebnisse unten in die Tabelle.
Du findest in der Tabelle alle Themen wieder, die du auch online bearbeitet hast.

Mein Ergebnis im Online-Test – Kapitel 2

Thema	Mein Ergebnis
Kennzeichnung kurzer Vokale durch zwei oder drei verschiedene Konsonanten	
Kennzeichnung durch Verdoppelung eines Konsonanten	
ck und tz	

3 s oder ß oder ss

3.1 Stimmhaftes und stimmloses s

Im Deutschen gibt es zweierlei s-Laute: den stimmhaften s-Laut und den stimmlosen s-Laut.

Das stimmhafte **s** kitzelt beim Sprechen ein wenig an der Zunge; man schreibt es immer als **s** (sagen, sausen, eisig).
Das stimmlose **s** kann als **ss** (muss, dass, hassen, Hass, hässlich) oder als **ß** (Straße, Strauß, grüßen, Gruß) geschrieben werden.

Folgende Regeln helfen dir beim richtigen Schreiben:

Stimmhaftes und stimmloses s

1. Ein stimmhaftes **s** wird stets als **s** geschrieben.
   Beispiele: sagen, rasen, eisig.
2. Folgt auf einen kurzen Vokal ein stimmloses **s**, dann wird es ausnahmslos verdoppelt und als **ss** geschrieben.
   Beispiele: hassen, hässlich, muss, müssen.
3. Folgt ein stimmloses **s** einem langen Vokal oder einem Diphthong (ei, ai, eu, au, äu), dann schreibt man **ß**.
   Beispiele: Gruß, Straße, Strauß, Fleiß, Grieß, bloß.
4. Das stimmlose **s** wird mit einfachem **s** geschrieben, wenn sich beim Verlängern des Wortes ein stimmhaftes **s** ergibt.
   Beispiele: Glas – Gläser, Haus – Häuser.

Aufgabe 1

Suche aus dem Steckbrief die Wörter mit s, ß und ss heraus und ordne sie nach folgender Tabelle in deinem Trainingsheft:

s	ß	ss

Lies die Wörter in der Tabelle laut und deutlich.

Steckbrief

Gesucht wird der folgende Straftäter:

Name: Jens Kesselschmied

Alter: 43 Jahre

Körperbau: 184 cm groß, hochgeschossene Gestalt

Gesicht: länglich oval, Farbe blass, dunkler Bartwuchs, Brillenträger

Haar: Wuchs spärlich, Farbe schwarz, Stirn kahl

Besondere Kennzeichen:
Muttermal am linken Nasenflügel,
Narbe auf rechter Wange,
schusslige Bewegungen

Der Gesuchte verübte mehrere Raubüberfälle. Er verbüßte eine Haftstrafe in Saarbrücken und ist nach einem Ausbruch flüchtig. Zuletzt wurde er an der Rheinfähre bei Kaub gesichtet. Der Mann ist äußerst gefährlich und macht von der Schusswaffe oder dem Messer rücksichtslos Gebrauch.

Sachdienliche Hinweise nimmt jede Polizeidienststelle entgegen.

Aufgabe 2

Bilde mit der Silbenmauer 36 Wörter. Präge dir jeweils sechs Wörter ein und schreibe sie im Selbstdiktat in dein Trainingsheft.

RIE	REI	AM	IN	BLA	SAU
SIG		SEL		SEN	
SEN	BRAU	NA	HA	BÖ	FRÄ
SE		SE		SE	
FA	GLÄ	RA	RIE	EI	DIE
SER		SEN		SIG	
SPEI	HIR	PIN	KREI	DRÜ	DO
SE		SEL		SE	
RO	GÄM	RIE	NIE	KÄ	LEI
SE		SELN		SE	
LE	LÖ	AMEI	GEMÜ	HÄU	GRÄ
SEN		SE		SER	

Prüfe, ob es sich bei diesen 36 Wörtern um den stimmhaften oder um den stimmlosen **s-Laut** handelt. Begründe deine Entscheidung.

Aufgabe 3

Fülle die Lücken. Lies die Wörter anschließend laut und achte dabei auf das stimmhafte s im Infinitiv.

Tipp: Wenn du unsicher bist, ob man z. B. das konjugierte Verb **du saust** mit **s** oder **ß** schreibst, kann dir der Infinitiv **sausen** den Weg zur richtigen Schreibweise zeigen.

reisen	*du reist*	*er reiste*
		er kreiste
	du löst	
speisen		
	du bremst	
		er raste
		er brauste
lesen		
	du bläst	

Aufgabe 4

Ergänze jeweils den Singular oder den Plural. Lies die Wörter anschließend laut und achte dabei auf das stimmhafte s in der Pluralform.

Tipp: Wenn du unsicher bist, ob am Schluss eines Wortes ein **s** oder ein **ß** steht, kann dir die Pluralbildung den Weg zur richtigen Schreibweise zeigen.

Gans	– Gänse	Kreis	– ______
______	– Gase	______	– Läuse
Gleis	– ______	Los	– ______
Gras	– ______	______	– Mäuse
______	– Greise	Moos	– ______
______	– Hälse	Preis	– ______
Haus	– ______	______	– Verse

Aufgabe 5

Ordne folgende Wörter in das Treppenrätsel ein:

abmessen, Asse, Drosselgasse, essen, fassen, Fischflosse, fressen, herablassen, herauspressen, Klasse, Meisterklasse, Saftpresse, Schlüsse, Sprosse, Tasse, Teigmasse, verblassen, vermissen, verschlossen, zusammenfassen.

	s	s											
		s	s										
			s	s									
				s	s								
					s	s							
						s	s						
							s	s					
								s	s				
									s	s			
										s	s		
										s	s		
									s	s			
								s	s				
							s	s					
						s	s						
					s	s							
				s	s								
			s	s									
		s	s										
	s	s											

Aufgabe 6

Trage die Reimwörter ein. Bilde Reime. Schreibe sie zur Übung auch in dein Trainingsheft.

Gasse	**Kessel**	**Bissen**	**Genosse**
K__________	S__________	K__________	Spr__________
R__________		W__________	G__________

Messer	**lassen**	**Rüssel**	**Nässe**
b__________	f__________	Sch__________	Bl__________
	p__________	Schl__________	
	T__________		

Aufgabe 7

Bilde zusammengesetzte Substantive und schreibe sie auf.

Essig →	Sessel	____________________
Kaffee	Flosse	____________________
Schlüssel	Bisse	____________________
Wasser	Drossel	____________________
Sing	Nessel	____________________
Feder	Blech	____________________
Fernseh	→ Flasche	____________________
Messing	Kissen	____________________
Brenn	Kessel	____________________
Messe	Loch	____________________
Gewissen(s)	Stadt	____________________
Schwimm	Tasse	____________________
Klassen	Messer	____________________
Brot	Zimmer	____________________

Aufgabe 8

Fülle die Wortkästen vollständig aus.

T	a	s	s	e	n
f					
l					
p					
h					
	i				
B					
K					
w					
m					
	ü				
	e				

R	o	s	s
	i		
B			
	a		
H			
n			
F			
P			
K	u		
N			
m			

Aufgabe 9

Ergänze die fehlenden Wörter.

Tipp: Erinnere dich an die Regel: Folgt auf einen kurzen Vokal ein stimmloses **s**, dann wird es wie bei anderen Konsonanten verdoppelt und als **ss** geschrieben.

der Biss	–	die Bisse	der Riss	–	________
das Fass	–	________	________	–	die Rösser
________	–	die Nüsse	________	–	die Bässe
der Genuss	–	________	der Schuss	–	________
________	–	die Geschosse	________	–	die Ambosse
________	–	die Schlösser	________	–	die Kolosse
der Schluss	–	________	der Imbiss	–	________
________	–	die Güsse	________	–	die Kompasse
der Pass	–	________			

Aufgabe 10

Verlängere die folgenden Wörter durch Pluralbildung:

Tipp: Du erinnerst dich an folgende Regel: Folgt ein stimmloses **s** einem langen Vokal oder einem Diphthong (ai, ei, eu, au, äu), dann schreibt man **ß**.

der Fuß	–	die Füße	der Stoß	–	______________
der Gruß	–	______________	der Spieß	–	______________
der Spaß	–	______________	der Strauß	–	______________
der Kloß	–	______________	das Gefäß	–	______________
das Maß	–	______________	das Floß	–	______________

Aufgabe 11

Vervollständige die Tabelle.

müssen	*du musst*	*er muss*
lassen		
essen		
hassen		
vergessen		
messen		
küssen		
pressen		
vermissen		
fassen		
wissen		
fressen		
hissen		

3.3 das und dass

Das und **dass** wird häufig verwechselt. Es gibt aber einige Regeln, mit denen du *das* und *dass* richtig anwenden lernst:

das und dass

1. **das = bestimmter Artikel** (Geschlechtswort)
   Beispiel:
   das Pferd, **das** rassige Pferd.

2. **das = Demonstrativpronomen** (hinweisendes Fürwort)
   Beispiel:
   War es **das** Feld oder jenes dort? Es war **das** Feld, auf dem es zur Missernte kam.

   Hier weist das auf ein Ding oder einen Sachverhalt hin. Es wird beim Sprechen betont und kann durch **dies** oder **dieses** ersetzt werden:
   War es **dieses** Feld oder jenes dort? Es war **dieses** Feld, auf dem es zur Missernte kam.

3. **das = Relativpronomen** (rückbezügliches Fürwort)
   Beispiel:
   Das Feld, **das** am Fluss liegt, wird gerade bestellt.

   Das bezieht sich auf das vorhergehende Substantiv Feld und kann durch **welches** ersetzt werden:
   Das Feld, **welches** am Fluss liegt, wird gerade bestellt.

4. **dass = Konjunktion** (Bindewort)
   Beispiel:
   Der Bauer hofft, **dass** es auf seinem Feld nicht wieder zu einer Missernte kommt.

   Durch **dass** wird ein Nebensatz eingeleitet; es lässt sich nicht durch **dies**, **dieses** oder **welches** ersetzen.

Aufgabe 12

Ersetze das durch dies, dieses oder welches. Schreibe den neuen Text in dein Trainingsheft.

Er sagte mir das im Vertrauen. Das Kind, das sich gestern den Fuß verstaucht hat, musste zum Arzt gebracht werden. Das Fass, das vom Wagen fiel, blieb unbeschädigt. Das ist das Haus, das abgebrochen werden soll. Sie gab mir das zur Aufbewahrung. War das ein Erlebnis! Du musst das Fenster hier schließen. Das musst du dir merken!

Aufgabe 13

Setze bei den folgenden Redensarten und Sprichwörtern das oder dass ein.

Was ein Häkchen werden will, ___________ krümmt sich beizeiten.

Lerne nur ___________ Glück ergreifen, denn ___________ Glück ist immer da!

___________ Feuer, ___________ nicht brennt, soll man nicht löschen.

Glück und Glas, wie leicht bricht ___________ .

Was du heute kannst besorgen, ___________ verschiebe nicht auf morgen!

___________ ist der Fluch der bösen Tat, ___________ sie fortwährend Böses muss gebären.

Was ich nicht weiß, ___________ macht mich nicht heiß.

Was du nicht willst, ___________ man dir tu, ___________ füg auch keinem andern zu.

Es ist ein köstlich Ding, ___________ ___________ Herz fest werde.

Die Katze lässt ___________ Mausen nicht.

3.4 Vorsilbe Miss-/miss-, Nachsilbe -nis

miss- und -nis

Die Vorsilbe **Miss-/miss-** wird mit **ss** geschrieben (Missgunst, missdeuten).

Die Nachsilbe **-nis** wird mit **s** geschrieben (Erlebnis); im Genitiv (des Ereignisses) und im Plural (die Ereignisse) wird daraus **ss**.

Aufgabe 14

Bilde Wörter mit der Vorsilbe Miss-/miss-.

Aufgabe 15

Vervollständige die Tabelle.

Singular	Plural	Genitiv
das Gleichnis	die Gleichnisse	des Gleichnisses
das Ärgernis	______________	______________
das Ereignis	______________	______________
______________	die Begräbnisse	______________
das Bildnis	______________	______________
______________	______________	des Bündnisses
das Erlebnis	______________	______________
______________	die Ergebnisse	______________
______________	______________	des Zeugnisses
das Verzeichnis	______________	______________
das Verhängnis	______________	______________

Aufgabe 16

Setze s, ss oder ß ein. Schreibe den Text auch in dein Trainingsheft.

Ein M______geschick

Mi______mutig ______ortierte ein Maler seine Bildni______e. Plötzlich pochte es drau______en an die Tür. Mi______billigend stie______ er mit seinem Fu______ auf den Boden. Dabei lie______ er das Bild einer Flu______landschaft fallen. Er stürzte zur Tür und ri______ sie auf. Die Postbotin grü______te ihn und reichte ihm zwei rie______ige Briefe. In einem waren ______ech______ Bücherverzeichni______e, im andern einige Erla______e des Finanzamte______. Dieses Erlebni______ lehrte ihn, künftig nicht so aufbrau______end zu ______ein.

Gleiche Aussprache – unterschiedliche Schreibung

Folgende Wörter werden gleich gesprochen; sie werden aber unterschiedlich geschrieben und haben verschiedene Bedeutungen. Die unterschiedlichen Bedeutungen sind durch die Schreibweise zu erkennen:

fliehst

Du fliehst vor dem Hund.

fließt

Das Wasser fließt aus dem Hahn.

reist
Er reist nach Köln.

reißt
Sie reißt den Kalender ab.

bis
Bis jetzt habe ich gewartet.

biss
Der Hund biss ihn ins Bein.

fast
Sie wäre fast ertrunken.

fasst
Sie fasst nach einem sicheren Halt.

Frist
Die Frist ist abgelaufen.

frisst
Die Made frisst sich durch den Apfel.

hast / Hast
Du hast ein Missgeschick.
Laufe ohne Hast!

hasst
Sie hasst diese Arbeit wie die Pest.

ist
Es ist gut so.

isst
Er isst immer in diesem Lokal.

Aufgabe 17

Wenn du die Stolpersteine genau angesehen hast, dann wird es dir keine Mühe bereiten, s, ss oder ß in die Lücken einzufügen. Schreibe die Sätze zur Übung auch in dein Trainingsheft.

Fahre ohne Ha_____t zur Schule,

denn du ha_____t noch genügend Zeit;

einen Unfall ha_____t schließlich jeder!

Der Urlauber rei_____t gerade ab,

da rei_____t ihm ein Räuber die Tasche aus der Hand.

La_____t mir die

schwere La_____t nicht fallen!

„Lie_____ mir ein Märchen vor!", bat die Dreijährige, doch Großmutter

lie_____ sich nicht erweichen.

Der Vielfraß i_____t zufrieden, wenn

er gut i_____t.

Der Polizist hätte den Einbrecher fa_____t

gefa_____t.

Petra lief bi_____ ans Tor,

dort bi_____ sie der Hund ins Bein.

3.6 Diktat

Folgenden Text kannst du dir diktieren lassen. Es ist aber auch möglich, dass du ihn aufnimmst und dann abhörst und aufschreibst.

Aufgabe 19

Auf Europas größtem Gletscher

Der Vatnajökull im Südosten von Island ist größer als alle Gletscher Europas zusammen. Messungen haben ergeben, dass das Eis bis zu 700 Meter dick ist. Viele Berichte geben uns Zeugnis von gelungenen oder missglückten Überquerungen. Der Weg über das Eis ist bis heute riskant. Einmal liegt der Gletscher unter dem blauen Himmel mit gleißender Sonne. Dann wieder verschleiert sich der Himmel, das Licht wird milchig und die endlose Weite hat kein Gesicht mehr. Hügel, Mulden oder Hindernisse lassen sich kaum noch unterscheiden. Man verliert die Orientierung; nur der Kompass weist die Richtung. Um nicht über Abrisskanten oder in Gletscherspalten zu stürzen, schlägt man am besten sein Lager auf.

Online-Abschlusstest 3

Super! Du hast das **Kapitel 3 – s oder ß oder ss** durchgearbeitet. Du hast wiederholt, dass stimmhafte und stimmlose s zu unterscheiden, zu entscheiden, wann du Wörter mit einfachen s, mit ß, oder ss schreiben musst und wann *das* oder *dass* richtig ist.

So funktioniert der Online-Test:
Unter **www.klett.de/allesimgriff** kannst du jetzt deinen Lernerfolg überprüfen. Zu allen Themen dieses Kapitels werden dir Aufgaben gestellt. Wenn du sie bearbeitet hast, erhältst du am Ende des Tests eine Auswertung.

Willst du immer im Blick haben, welche Themen du schon kannst oder was du besser nochmals wiederholst? Dann übertrage deine Online-Ergebnisse unten in die Tabelle.
Du findest in der Tabelle alle Themen wieder, die du auch online bearbeitet hast.

Mein Ergebnis im Online-Test – Kapitel 3

Thema	Mein Ergebnis
Stimmhaftes und stimmloses s	
s, ß oder ss (mit Vorsilbe Miss-/miss-, Nachsilbe -nis)	
das und dass	

4 Gleich und ähnlich klingende Vokale

4.1 e oder ä

Wenn du die folgenden Wortpaare laut und deutlich liest, dann merkst du, dass gleich klingende oder zumindest ähnlich klingende Vokale unterschiedlich geschrieben werden:

Felle	–	Fälle	heute	–	Häute
Beeren	–	Bären	Seite	–	Saite

Bei Wörtern mit gleich und ähnlich klingenden Vokalen kannst du die richtige Schreibweise nicht durch das Hören finden. Weil hier der Grundsatz „Schreibe, wie du hörst!" **nicht** gilt, stellen wir dir für die Schreibung von **e** oder **ä**, **eu** oder **äu** und **ei** oder **ai** andere Rechtschreibhilfen vor.

e oder ä

1. Man schreibt **ä** statt **e**, wenn es eine Grundform mit **a** gibt:
   Beh**ä**nde wegen H**a**nd, K**ä**lte wegen k**a**lt, überschw**ä**nglich wegen Überschw**a**ng, G**ä**mse wegen G**a**ms, St**ä**ngel wegen St**a**nge.
   Suche also bei Unsicherheiten immer ein verwandtes Wort!
2. In wenigen Wörtern kann man **e** oder **ä** schreiben:
   - Schenke wegen aussch**e**nken oder Sch**ä**nke wegen Aussch**a**nk;
   - aufw**e**ndig wegen aufw**e**nden oder aufw**ä**ndig wegen Aufw**a**nd.
3. In wenigen Wörtern schreibt man **ä**, ohne dass es eine Grundform mit **a** gibt: **ä**tzen, d**ä**mmern, Gel**ä**nder, L**ä**rm, Sch**ä**rpe.
4. In wenigen Wörtern schreibt man **e**, obwohl es eine Grundform mit **a** gibt: **E**ltern trotz **a**lt.

Aufgabe 1

Suche aus den Angeboten der Marktfrau Grete die Wörter mit e oder ä heraus und sortiere sie entsprechend in dein Trainingsheft.

Wenn du diese Wörter laut liest, wirst du merken, dass **e** und **ä** gleich oder sehr ähnlich klingen. Du kannst daher von der Aussprache des Wortes nicht auf seine Schreibweise schließen. Sieh dir deshalb nochmal die Regel an.

Aufgabe 2

Suche zuerst das Stammwort und fülle dann die Lücken.

Sch_____dlinge
besch_____digen — _____________________
sch_____dlich

Geldf_____lscher
f_____lschlicherweise — ________________
verf_____lschen

Vertr_____tung
Tr_____tmühle — _____________________
vertr_____tbar

Aufgabe 3

Hier werden alle Dinge klein. Schreibe die Verkleinerungsformen in dein Trainingsheft.

Bank, Kranz
Hahn
Garten, Schwan
Rad, Hase, Pferd
Schrank, Laden, Gras
Zwerg, Faden, Feder
Apfel, Schale

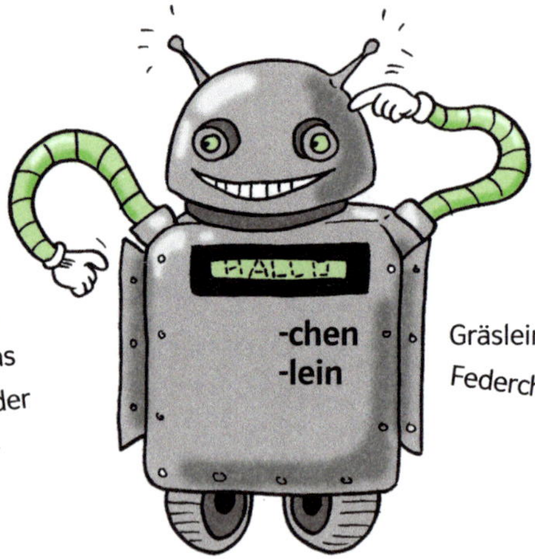

Gräslein
Federchen

Aufgabe 4

Hier ist etwas durcheinandergeraten. Schreibe die Wörter richtig auf.

Trägung Grätschbruch Säbeltrupp Dämmerkeit Märchensprung
Mädchenklinge Dämlichheit Schädelfee Spähkleid

Aufgabe 5

Löse folgendes Silbenrätsel. Die angegebenen Silben helfen dir.

z													
Ä													
f		h											
g					n								
b				b		g							
h			s			c							
h			s	c				n					
a			m			l							
S		b			s					e			
H			d		g					f	f		
P		p		g					k				g

Äh – all – be – bel – big – de – en – fä – fig – gäh – ge – gei – gräß – hä – hät – hig – Hun – kä – kläff – lich – lich – mäh – nen – Pa – pa – re – Sä – scheln – spit – zäh – ze

Stolpersteine I

Folgende Wörter werden gleich gesprochen; sie werden aber unterschiedlich geschrieben und haben verschiedene Bedeutung. Die verschiedenen Bedeutungen sind durch die Schreibung mit **e** oder **ä** zu erkennen:

Stelle
an der Unfallstelle sein

Ställe
das Vieh in die Ställe treiben

Lerche
Die Lerche trällert ein Lied.

Lärche
Der Lärchenbaum grünt.

Geste
mit freundlicher Geste begrüßen

Gäste
Die Gäste betreten das Haus.

Strenge
Das Kind wird streng erzogen.

Stränge
wenn alle Stränge reißen

Schwemme
die Straße überschwemmen

Schwämme
Schwämme für die Tafel

Gewehr
mit dem Gewehr schießen

Gewähr
Sie übernimmt keine Gewähr.

eu oder äu

1. Man schreibt **äu** statt **eu**, wenn es eine Grundform mit **au** gibt:
   Geb**äu**de wegen b**au**en, schn**äu**zen wegen Schn**au**ze, verbl**äu**en wegen bl**au**, Gr**äu**el wegen Gr**au**en.
   Suche also bei Unsicherheiten immer ein verwandtes Wort!
2. In wenigen Wörtern schreibt man **äu**, ohne dass es eine Grundform mit **au** gibt:
   Kn**äu**el, sich r**äu**spern, S**äu**le, sich str**äu**ben.

Aufgabe 6

Die beiden Clowns auf der linken Seite jonglieren mit Silben. Bilde daraus Wörter und schreibe sie nach folgender Tabelle in dein Trainingsheft.

eu	äu

Wenn du diese Wörter laut liest, wirst du merken, dass **eu** und **äu** gleich gesprochen werden. Du kannst daher von der Aussprache des Wortes nicht auf dessen Schreibweise schließen.

Aufgabe 7

Es rauscht im Blätterwald. Viele Blätter sind schon abgefallen. Du sollst zu den einzelnen Wörtern das Stammwort finden. Notiere wie im Beispiel in dein Trainingsheft.

Beispiel: *Säure – säuerlich, abräumen – Raum*, usw.

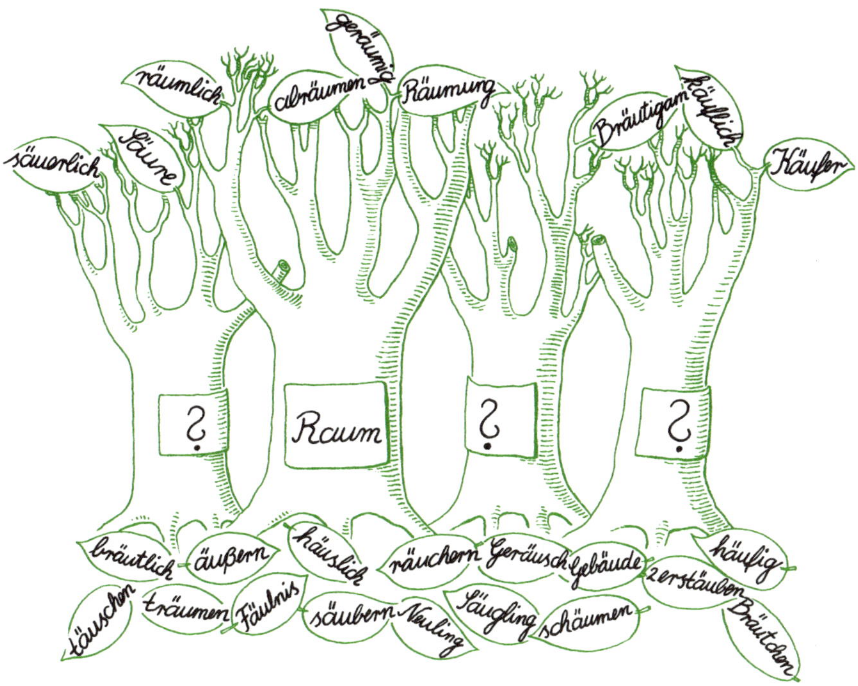

Aufgabe 8

Robby bildet aus dem Singular den Plural. Schreibe die Pluralwörter in dein Trainingsheft.

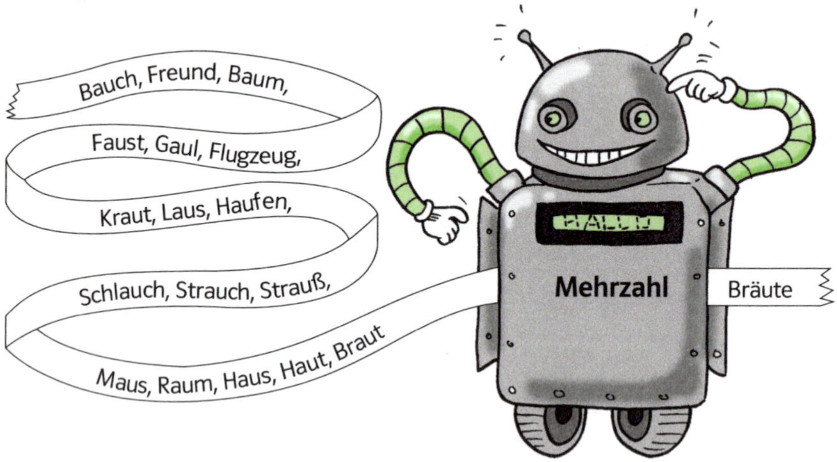

Aufgabe 9

-chen und -lein machen alle Dinge klein. Schreibe hier die Verkleinerungsformen auf.

Auge – Äuglein

Bauer – ____________________

Daumen – ____________________

Pflaume – ____________________

Beutel – ____________________

Schaufel – ____________________

Freund – ____________________

Staub – ____________________

Taube – ____________________

Teufel – ____________________

Strauß – ____________________

Mauer – ____________________

Gleiche Aussprache – unterschiedliche Schreibung

Folgende Wörter werden gleich gesprochen; sie werden aber unterschiedlich geschrieben und haben verschiedene Bedeutung. Sie sind durch die Schreibung mit **eu** oder **äu** zu erkennen.

Leute

Jemand ist leutselig.

läuten

Glocken läuten.

heute

Heute ist der 30. Mai.

Häute

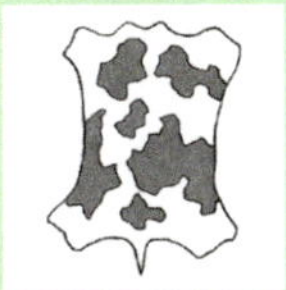

Aus Tierhäuten macht man Leder.

ei oder ai

1. In wenigen Wörtern schreibt man **ai** statt **ei**.
   Präge dir diese Wörter ein: Bai, Hai, Hain, Jamaica, Kai, Kain, Kaiser, Laib, Laich, Laie, Lakai, Mailand, Main, Mainz, Mais, Rain, Saite, Taifun, Waise und die Fremdwörter Detail, Taille.
2. Das **ay** kommt als Ausnahme nur im Wort Bayern vor.

Aufgabe 10

Ordne die 12 Wörter aus dem Scrabble nach folgender Tabelle in dein Trainingsheft.

ei	ai	ay

Wenn du diese Wörter laut liest, wirst du merken, dass **ei**, **ai** und **ay** gleich gesprochen werden. Du kannst daher von der Aussprache eines Wortes nicht auf dessen Schreibweise schließen.

					B							
O	B	E	R	B	A	Y	E	R	N			
			A		Y		I		E	I	N	S
	B	A	I		E		L		I			E
	E		N		R		E	I	N			I
E	I						N					N
	L	A	I	B								

Aufgabe 11

Bilde zusammengesetzte Substantive. Schreibe sie in dein Trainingsheft.

Jamaika
Brot
Kai
Detail
Mais
Geigen
Buchen
Taillen

Weite
Feld
Plan
Mauer
Rum
Laib
Hain
Saite

Aufgabe 12

Hier ist etwas durcheinandergekommen. Überlege und schreibe die richtig zusammengesetzten Wörter auf.

Hafenrain	Froschwaise	Kaifisch
Futterbai	Halblaib	Kaisermauer
Wegmais	Brotlaich	Haikrone

Aufgabe 13

Löse das Leiterrätsel.

1 Getreideart

2 Monatsname

3 Titel für einen Herrscher

4 Ufermauer

5 Kind ohne Eltern

6 Ackergrenze

7 Fluss durch Würzburg

8 Diener

9 gefährlicher Raubfisch

10 Nichtfachmann

11 Fisch- oder Froscheier

12 geformtes Brot

13 Stadt am Rhein

14 Bruder Abels

		1					
		2					
		3					
		4					
		5					
		6					
		7					
8							
		9					
		10					
		11					
		12					
		13					
		14					

Aufgabe 14

Bilde Verben wie angegeben. Schreibe sie anschließend auch in dein Trainingsheft.

w	→			h		f		t		z		n		r	→		→	
e	→		→		→		→		→		→		→		→		→	
i	→		→		→		→		→		→		→		→		→	
h		l	→		→		→			g	→			t		z		ß
e	→		→		→		→		→		→		→		→		→	
n	→		→		→		→		→		→		→		→		→	

Stolpersteine III

Gleiche Aussprache – unterschiedliche Schreibung

Folgende Wörter werden gleich gesprochen; sie werden aber unterschiedlich geschrieben und haben verschiedene Bedeutung. Die verschiedenen Bedeutungen sind durch die Schreibung mit **ei** oder **ai** zu erkennen:

Saite
Geigensaite

Seite
Buchseite

Laib
Brotlaib

Leib
Leibschmerzen

Waise
Waisenkind

Weise
Rat der Weisen

Rain
Wegrain

Rhein
Rheinmündung

rein
reine Hände haben

Kain
Kain und Abel

kein
keine Lust

Main
Mainufer

mein
meine Eltern

Aufgabe 15

Lies den folgenden Text laut und deutlich. Präge dir die einzelnen Sätze ein und schreibe sie aus dem Gedächtnis in dein Trainingsheft.

Heute war ein gräulich verhangener Novembertag. Einige Leute entdeckten kurz nach dem Mittagläuten einen Toten. Er lag unter Bäumen im Park und war teilweise durch Tierhäute verdeckt: Eine Verkäuferin verständigte die Polizei. Kurz darauf erschien ein Polizeileutnant, um die Gräueltat zu untersuchen. Der unbekannte Ermordete ist 1,72 m groß, hat bräunliches Haar und trägt einen gräulichen Pullover zu bläulichen Jeans. In der Nähe des Kreuzbeines befinden sich zwei Einschüsse.
Die Bevölkerung wird um Mithilfe bei der Aufklärung dieses gräulichen Verbrechens gebeten.

Aufgabe 16

Diesen Text kannst du dir diktieren lassen. Es ist aber auch möglich, dass du ihn aufnimmst. Du kannst ihn dann abhören und aufschreiben.

Wanderung im Mai

An einem Morgen im Mai rüsteten wir uns für eine Wanderung. Ein Laib Bauernbrot, harte Eier und feine Saitenwürste kamen in den Rucksack. Die Butter wurde in einer Dose verpackt und in ein feuchtes Tuch gewickelt. Vorbei an Weiden, Weizen- und Maisfeldern strebten wir den Bergen zu. Klatschmohn und Löwenzahn säumten Wege und Raine. Die Hainbuchen und Birken zeigten zartgrünes Laub. An einem stillen Weiher wurde eine kleine Rast eingelegt. Aus dem Froschlaich waren bereits Kaulquappen geschlüpft. Zeisige und Blaumeisen erfreuten uns mit ihrem Gezwitscher. Nach einer Weile ging es steil bergan und mir brach bald der Schweiß aus. Als wir den Gipfel erreicht hatten, wurden wir durch einen herrlichen Ausblick über das weite Land für unsere Mühen belohnt. Die Luft war an diesem Tag so rein und klar, dass man die Alpenkette vom Hochrhein bis nach Bayern erkennen konnte.

Online-Abschlusstest 4

Toll! Du hast das **Kapitel 4 – Gleich und ähnlich klingende Vokale** durchgearbeitet. Dabei hast du einige Rechtschreibhilfen kennen gelernt, die dir helfen, dich für die richtige Schreibung bei Wörtern mit e/ä, eu/äu oder ai/ei zu entscheiden.

So funktioniert der Online-Test:
Unter **www.klett.de/allesimgriff** kannst du jetzt deinen Lernerfolg überprüfen. Zu allen Themen dieses Kapitels werden dir Aufgaben gestellt. Wenn du sie bearbeitet hast, erhältst du am Ende des Tests eine Auswertung.

Willst du immer im Blick haben, welche Themen du schon kannst oder was du besser nochmals wiederholst? Dann übertrage deine Online-Ergebnisse unten in die Tabelle.
Du findest in der Tabelle alle Themen wieder, die du auch online bearbeitet hast.

Mein Ergebnis im Online-Test – Kapitel 4

Thema	Mein Ergebnis
e oder ä	
eu oder äu	
ei oder ai	

5 Gleich und ähnlich klingende Konsonanten

5.1 Die ks-Laute

ks, x, chs, gs oder cks

Die Lautverbindung **ks** wird ganz unterschiedlich geschrieben:

1. Wenige Wörter werden mit **ks** geschrieben:
   Keks, Koks, links, murksen und schlaksig
2. Das **x** steht
   - in einigen deutschen Wörtern:
     Axt, Faxen, feixen, Hexe, kraxeln, lax und Nixe
   - und in vielen Fremdwörtern:
     Exemplar, Express, Praxis, Lexikon, …
3. Das **chs** schreibt man nur in einigen Wörtern:
   Achse, Achsel, Büchse, Dachs, drechseln, Echse, Flachs, Fuchs, Lachs, Luchs, Ochse, sechs, Wachs, wachsen, Wechsel, Wichse
   Diese Wörter lassen sich nicht ableiten. Du musst sie dir durch die nachfolgenden Übungen einprägen.
4. Bei einigen Wörtern mit **gs** und **cks** hilft dir die Ableitung:
   - **gs**: anfangs – anfangen
   - **cks**: zwecks – Zweck

Aufgabe 1

Suche aus dem Gedicht „Kleine Hexerei" auf der rechten Seite die Wörter mit x, ks, cks, chs und gs heraus und ordne sie nach folgender Tabelle in dein Trainingsheft:

ks	x	chs	gs	cks

Kleine Hexerei

Krickel, kraxel, Klecks –
da kommt die alte Hex;
holt flugs das Hexenbuch herbei,
knackst von der Echse schnell ein Ei
und rührt es mit der Nixe Zopf
in ihrem großen Kupfertopf.

Sie braut auf Kokses Flammen
den Zaubertrunk zusammen.

Geheimnisvoll ist die Mixtur;
sie braucht mal viel, mal wenig nur:
sechs Haare von dem Dachs,
zwei Flossen von dem Lachs,
samt Krallen von dem Fuchs
und Augen von dem Luchs.

Soll zum Erfolg dies führen,
muss links herum sie rühren;
muss erst auf einem Beine stehn,
dann rings um ihren Kessel gehn.
Den Text aus ihrem Hexenbuch
muss murmeln sie als Zauberspruch.

Krickel, kraxel, Klecks –
fertig ist die Hex.

Aufgabe 2

Lies die Wörter in deiner Tabelle laut und deutlich! Du hast schon gemerkt, dass diese ks-Laute gleich gesprochen, aber unterschiedlich geschrieben werden. Du kannst also nicht von der Aussprache eines Wortes auf dessen Schreibweise schließen. Deshalb ist es notwendig, dass du dir die Regeln merkst.

Aufgabe 3

Bei diesen zusammengesetzten Substantiven fehlt ein Teil. Ergänze ihn jeweils. Folgende Wörter können dir helfen:

Axt, boxen, Experte, Explosion, Export, extra, fix, Fox, Hexen, Lexikon, Luxus, Praxis

E__________gefahr	Streit__________
Wirtschafts__________	__________terrier
__________stern	Arztp__________
E__________blatt	__________besen
E__________kaufmann	__________kampf
L__________jacht	Fremdwörter__________

Aufgabe 4

Schreibe die beim Scrabble gelegten Wörter in dein Trainingsheft.

K	E	K	S		M			
O					U			
K					R		L	
S	C	H	L	A	K	S	I	G
					S		N	
					E		K	
					N		S	

Aufgabe 5

Suche zu den folgenden Wörtern mit gs mögliche Ableitungen und schreibe die gefundenen Wörter auf.

unterwegs – *Weg*

anfangs – ____________________

mittags – ____________________

rings – ____________________

Anhängsel – ____________________

allerdings – ____________________

flugs – ____________________

längs – ____________________

Aufgabe 6

Suche zu den folgenden Wörter mit cks mögliche Ableitungen und schreibe die gefundenen Wörter auf.

zwecks – *Zweck*

augenblicks – ____________________

hinterrücks – ____________________

Klecks – ____________________

Knacks – ____________________

Knicks – ____________________

tricksen – ____________________

5.2 Die f-Laute

f, ph oder v

Der **f**-Laut wird unterschiedlich geschrieben:

1. In sehr vielen Wörtern schreibt man **f**.

   Beispiele: Fabel, Faden, fertig, Graf, Hof.

2. In einigen Wörtern schreibt man **v**.

   Beispiele: brav, Nerv, Volk, Vogt.

3. In einer Reihe von Fremdwörtern wird **v** wie **w** gesprochen.

   Beispiele: Vanille, Violine, Vitrine.

4. Viele Fremdwörter schreibt man mit **ph**.

   Beispiele: Phase, Atmosphäre, Prophet, Katastrophe.

Aber einige Wörter haben sich der deutschen Sprache angepasst.
Hier ist die Schreibweise mit **f** zu bevorzugen:

Beispiele: Telefon, Fotografie, Grafik, Geografie, Mikrofon.

Aufgabe 7

Suche aus dem Werbeangebot die Wörter mit f, v und ph heraus und ordne sie nach folgender Tabelle in dein Trainingsheft:

f	v	cks

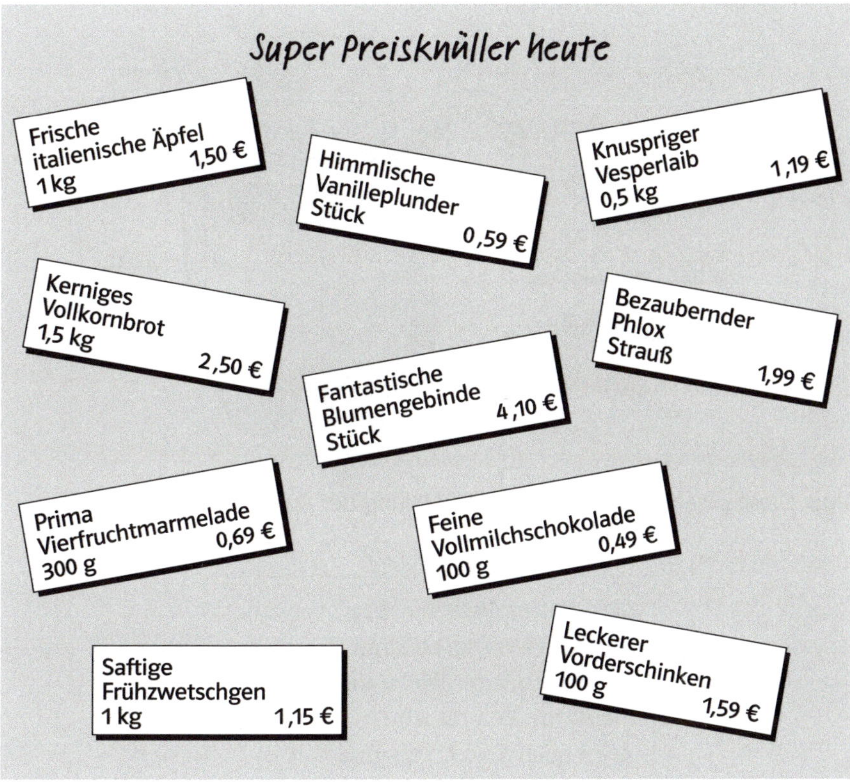

Aufgabe 8

Lies die Wörter in deiner Tabelle laut und deutlich. Du hast sicher schon gemerkt, dass die f-Laute – mit Ausnahme im Wort Vanille – gleich gesprochen, aber unterschiedlich geschrieben werden. Du kannst also nicht von der Aussprache eines Wortes auf dessen Schreibweise schließen. Deshalb ist es notwendig, dass du dir die Regeln merkst.

5.3 f oder v

Aufgabe 9

Robby bildet neue Substantive, indem er die Anfangsbuchstaben gegen ein f oder v austauscht. Schreibe die Wörter in dein Trainingsheft.

Tipp: Diese „Eselsbrücke“ kann dir die Lösung der Aufgabe erleichtern:

> Vers, Vetter, Veilchen, brav, verwandt,
> sind als v-Wörter bekannt.
> Doch auch Vater, viel und vier,
> die zu merken rat ich dir.
> Auch noch Vogel, Volk und voll
> man mit v stets schreiben soll;
> auf dass es aber alles wär,
> denk noch an die Silben vor- und ver-.

Aufgabe 10

Zauberei: Durch die Vorsilbe ver- kannst du jeweils ein neues Wort mit einer neuen Bedeutung bilden.

Schreibe die Wörter in dein Trainingsheft.

lassen – verlassen
heilen – ____________
dunkel – ____________
fein – ____________
kurz – ____________
fluchen – ____________
hungern – ____________
besser – ____________
spotten – ____________
edel – ____________
bitter – ____________
reisen – ____________
tief – ____________
tauschen – ____________
einig – ____________
faulen – ____________
ehren – ____________
klein – ____________
spät – ____________
rosten – ____________
enden – ____________

Aufgabe 11

Bilde zusammengesetzte Substantive mit Ver-, Voll-, Vor- oder Vorder-. Schreibe die Wörter in dein Trainingsheft.

die -sammlung, das -kornmehl, das -rad, der -kehr, der -brauch, der -dacht, das -teil, die -achse, die -silbe, der -bart, das -steck, der -rat, der -band, die -gangenheit, die -milch, der -mond, der -turner, das -trauen, die -freude.

Aufgabe 12

Bilde zusammengesetzte Substantive. Beachte, dass am Wortanfang sowohl Wörter aus der linken als auch Wörter aus der rechten Spalte stehen können.

Violin(e)	Markt
Verlies	Vereins
Veilchen	Spieler
Land	Vulkan
Lied	Zählung
Vorstand	Burg
Vogel	Pudding
Kammer	Versand
Volk(s)	Scheuche
Geschäft	Vesper
Lichtbilder	Vers
Ausbruch	Vorrat(s)
Vieh	Vortrag
Brot	Vater
Vanille	Duft

Aufgabe 13

Die folgende Liste enthält Wörter, die man mit ph oder f schreiben kann. Vervollständige die Liste.

Graphik	–	Grafik
Mikrophon	–	________
________	–	Fantasie
Symphonie	–	________
stenographieren	–	________
________	–	telegrafieren
Delphin	–	________
________	–	Paragraf

Aufgabe 14

Folgende Fremdwörter schreibt man weiterhin nur mit ph. Schreibe sie zur Übung in dein Trainingsheft.

Atmosphäre	–	Maßeinheit für Druck; Stimmung
Peripherie	–	Umfangslinie, Rand, Randgebiet
Phase	–	Abschnitt bei einem Ablauf
Physik	–	Naturlehre
Katastrophe	–	unheilvolles Ereignis

5.5 Diktate

Folgende Texte kannst du dir diktieren lassen. Es ist aber auch möglich, dass du sie aufnimmst und dann abhörst und aufschreibst.

Aufgabe 15

Zirkus auf dem Exerzierplatz

Eine Tierschau zu Extrapreisen ist angekündigt. Da gibt es Löwen, Tiger, Elefanten, Pferde, Seehunde, Dachse und Füchse. Im Programm ist sogar ein Boxer angekündigt. Auch Clowns wollen ihre Faxen machen. Ich löse eine Karte. Dann rollt ein abwechslungsreiches Programm ab. Am besten gefällt mir allerdings die Kunstreiterin. Sie lächelt, macht einen Knicks und springt schnurstracks aufs Pferd. Die Reiterin steht auf dem Pferde, springt durch Reifen, macht Kopfstände, kann einfach alles. Nach der Vorstellung regnet es und wir müssen uns unterwegs ein Taxi nehmen.

(gekürzt nach Heinrich Scharrelmann)

Aufgabe 16

Die erste Fahrstunde

Heute hat Philipp die erste Fahrstunde hinter sich gebracht. Als er ins Fahrzeug stieg, war er recht nervös. Der Fahrlehrer sorgte für eine entspannte Atmosphäre. Als an einer Ampel die Grünphase kam, würgte er den Motor ab. An einer gefährlichen Kreuzung beachtete er die Vorfahrt nicht und es hätte fast eine Katastrophe gegeben. Zum Glück war der Fahrlehrer auf alles gefasst. Schließlich kamen sie in die Außenbezirke der Stadt und der Verkehr wurde ruhiger. Hier musste Philipp vorwärts und rückwärts fahren. Dabei stieß er einmal mit dem Vorderrad an den Bordstein. Am Schluss der Fahrstunde war Philipp fix und fertig.

Online-Abschlusstest 5

Super! Du hast das **Kapitel 5 – Gleich und ähnlich klingende Konsonanten** durchgearbeitet. Du hast dich mit den ks-Lauten und f-Lauten beschäftigt, und bist in der Schreibung von Wörtern mit gleich und ähnlich klingenden Konsonanten nun viel sicherer.

So funktioniert der Online-Test:
Unter **www.klett.de/allesimgriff** kannst du jetzt deinen Lernerfolg überprüfen. Zu allen Themen dieses Kapitels werden dir Aufgaben gestellt. Wenn du sie bearbeitet hast, erhältst du am Ende des Tests eine Auswertung.

Willst du immer im Blick haben, welche Themen du schon kannst oder was du besser nochmals wiederholst? Dann übertrage deine Online-Ergebnisse unten in die Tabelle.
Du findest in der Tabelle alle Themen wieder, die du auch online bearbeitet hast.

Mein Ergebnis im Online-Test – Kapitel 5

Thema	Mein Ergebnis
ks-Laute	
f, ph, v	

6 Groß- und Kleinschreibung

6.1 Grundregeln zur Groß- und Kleinschreibung

Die Groß- und Kleinschreibung ist ein schwieriges Kapitel in der deutschen Rechtschreibung. Um hier zu vereinfachen, hat man immer wieder vorgeschlagen, eine „gemäßigte Kleinschreibung" einzuführen. Darunter versteht man, dass alle Wörter kleingeschrieben werden. Nur die Namen, die Eigennamen und das Wort am Anfang des Satzes oder einer Überschrift werden großgeschrieben.
Macht man es sich aber nicht zu leicht, wenn man die deutsche Rechtschreibung so vereinfachen will?

Darüber gehen die Meinungen weit auseinander. Unter Experten wird darüber immer wieder heftig diskutiert. Das folgende Interview mit dem von uns erfundenen Herrn Professor Deutschmann nennt dir einige Überlegungen dazu.

Interview

I.: Herr Professor Deutschmann, Sie haben sich schon immer dafür eingesetzt, die Groß- und Kleinschreibung beizubehalten. Warum sind Sie nicht für die gemäßigte Kleinschreibung, wie sie beispielsweise die Engländer schon lange und die Dänen seit 1948 haben?

D.: Zunächst bin ich gegen die Kleinschreibung, weil dadurch das Lesen eines Textes erschwert wird. Die Großbuchstaben gliedern das Schriftbild. Das lesende Auge erfasst den Text mit seinen Wortgestalten besser. Dadurch kann der Lesende den Sinn des Geschriebenen schneller erfassen.

I.: Das scheint mir zu vordergründig. Schon nach kurzer Zeit hätten wir uns an das Schriftbild bei der Kleinschreibung gewöhnt, auch wenn es uns jetzt vielleicht ungewohnt oder fremd vorkommt.

D.: Ich würde Ihnen zustimmen, wenn das meine einzige Begründung wäre. Ohne Großschreibung kommt es nämlich zu Missverständnissen. Nehmen Sie doch nur einmal den folgenden Satz in Kleinschreibung:

„der gefangene floh." Wurde nun ein Floh gefangen oder floh ein Gefangener?

I.: Das leuchtet mir ein. Es ist aber recht mühsam, sich in den Dschungel von Regeln für die Groß- und Kleinschreibung einzuarbeiten. Die Regeln kann sich doch kaum ein Mensch merken!

D.: Ganz so schlimm ist es nun doch nicht. Trotz der Zahl der Regeln kann man mit folgenden vier Grundregeln schon sehr weit kommen:

Vier Grundregeln zur Groß- und Kleinschreibung

1. Alle Substantive und alle als Substantive gebrauchten Wörter schreibt man groß.
   Beispiele: das Schiff, beim Springen, alles Schöne, kein Für und Wider.
2. Alle Eigennamen schreibt man groß.
   Beispiele: das Schwarze Meer, die Königsberger Klopse, der Heilige Abend.
3. Spricht man in einem Brief jemand höflich mit **Sie** oder persönlich mit **Du** oder **Ihr** an, dann werden diese Anredepronomen und die entsprechenden Possessivpronomen **Ihr/Dein/Euch** großgeschrieben.
   Beispiel: Ich beglückwünsche **Sie** zu **Ihrem** heutigen Festtag.
   Kannst **Du** zu **Deinem** Geburtstag eine Torte backen?
   Aber:
   In einem persönlichen Brief kann man die Anredepronomen **du** und **ihr** sowie die entsprechenden Possessivpronomen **deine** und **euer** auch kleinschreiben.
   Beispiel: Ich beglückwünsche **dich** zu deinem heutigen Festtag.
4. Das erste Wort in einem Satz oder einer Überschrift schreibt man groß.

I.: Diese vier Regeln sind eigentlich leicht zu behalten. Kommt man damit aber in allen Rechtschreibfällen aus?

D.: Man kommt mit diesen Regeln tatsächlich in den allermeisten Fällen aus. Eine Schwierigkeit darf ich aber nicht verschweigen. Sie tritt auf, wenn es zu entscheiden gilt, ob ein Wort als Substantiv gebraucht wird oder nicht. Ich zeige das am Beispiel:
– Das Grün des Grases ist erfrischend.
– Das Gras ist erfrischend grün.
Im ersten Satz wird das Adjektiv grün als Substantiv verwandt, im zweiten Satz ist grün ein im Prädikat stehendes Adjektiv.

I.: Herr Professor Deutschman, wir danken Ihnen für Ihre Ausführungen.

6.2 Substantive

Du weißt bereits, dass Substantive (Hauptwörter) großgeschrieben werden. Folgende Regeln können dir helfen, Substantive zu erkennen.

Wie erkenne ich Substantive?

1. Substantive erkennt man am **Artikelwort** (das Haus, ein Gedanke, der Himmel, eine Wonne).
2. Die Endungen **-heit**, **-keit**, **-schaft**, **-nis**, **-sal**, **-ung**, **-tum** und **-ling** zeigen ein Substantiv an (Verwandtschaft, Neuling, Zeugnis, Eitelkeit).
3. Substantive können auch **zusammengesetzte Wörter** sein, und zwar
   - aus zwei oder mehreren Substantiven (Fußballspiel),
   - aus einem Substantiv und einem anderen Wort, wenn das Grundwort ein Substantiv ist.

   Beispiel:

das	**Blau**	-	**Licht**
	↓		↓
	Bestimmungswort		Grundwort
aber:			
	himmel	-	**blau**
	↓		↓
	Bestimmungswort		Grundwort

Aufgabe 1

Ordne die Substantive aus dem Horoskop nach folgendem Schema in dein Trainingsheft! Setze dabei vor jedes Substantiv den entsprechenden Artikel.

Substantive als ein Wort	Substantive mit den Nachsilben -heit, -keit, -sal ...	Substantive als zusammengesetzte Wörter

Zwillinge (22. 5. bis 21. 6.)

Diese Woche erlebst du einen Auftrieb. Hüte dich aber vor Angebertum und Selbstbetrug. Sonst könnte eine Freundschaft in die Brüche gehen.

Krebs (22. 6. bis 22. 7.)

Du kannst deinem Temperament freien Lauf lassen. Hüte dich aber, einen Dickkopf aufzusetzen; das könnte eine unverzeihliche Dummheit sein.

Löwe (23. 7. bis 23. 8.)

In den nächsten Tagen steht dir ein freudiges Erlebnis bevor. Das Schicksal meint es gut mit dir. Das ist aber kein Grund zur Überheblichkeit.

Jungfrau (24. 8. bis 23. 9.)

Halte an deinen guten Vorsätzen im Umgang mit Geld fest. Nur Hochstapler kennen keine Beherrschung.

Aufgabe 2

Fülle die Lücken dieses Textes mit einem bestimmten Artikel (der, die, das) oder einem unbestimmten Artikel (ein, eine, ein).

__________ **Radtour**

__________ Schülerinnen und Schüler __________ Klasse 8c unternahmen __________ Radtour. __________ Ziel waren __________ Burgen in __________ Umgebung. Alle hatten __________ Fahrrad schwer bepackt. Bei Sonnenschein ging es mit heiterer Gelassenheit los. Bald wurde __________ Gruppe stiller. __________ Sonne brannte vom Himmel. __________ Durst wurde immer größer. __________ Mädchen hatte __________ Reifenpanne, __________ Junge stürzte vom Rad. __________ Stimmung wurde gedrückt. Um keine Mutlosigkeit aufkommen zu lassen, legte __________ Gruppe __________ Ruhepause ein.

Aufgabe 3

Bilde zusammengesetzte Substantive und schreibe sie in dein Trainingsheft. Schreibe dann die Wörter in Gruppen auf, immer alle Wörter mit derselben Endung in eine Gruppe.

EIGEN	GRAF	EITEL	EINIG	RINN	SCHEU	FEIG	BÜCK
SCHAFT		KEIT		SAL		LING	
KÜHN	TOR	MANN	BÜRG	LAND	PRÜF	FREUND	GEMEIN
HEIT		SCHAFT		UNG		SCHAFT	
SCHICK	MÜH	BILD	ERLEB	IRR	SIECH	SAUBER	TAPFER
SAL		NIS		TUM		KEIT	
BRAUCH	EIGEN	SPER	ZÖG	IMPF	HEIZ	DUMM	GESUND
TUM		LING		UNG		HEIT	
ALTER	REICH	FRECH	KLUG	HEMM	ZEUG	LAB	TRÜB
TUM		HEIT		NIS		SAL	

Aufgabe 4

Hier ist etwas durcheinandergeraten. Überlege was zusammenpasst und schreibe die Wörter richtig in dein Trainingsheft.

Kennschule	Grauspecht	Vielschrift
Leitzeichen	Rotmeise	Rückfraß
Fahrplanke	Buntkehlchen	Überweg

Aufgabe 5

Bilde zusammengesetzte Substantive und schreibe sie auf.

- ein
- edel
- treiben
- vor
- weich
- rennen
- selbst
- hoch
- schleifen
- bunt
- eigen
- blau

- Rad
- Haus
- Horn
- Sucht
- Stoff
- Maschine
- Metall
- Sicht
- Specht
- Tor
- Käse
- Licht

6.2 Substantivierte Verben

Substantivierte Verben

Verben werden großgeschrieben, wenn sie als Substantive gebraucht werden. Substantivierte Verben sind gekennzeichnet durch

1. ein Artikelwort
   (**das** Kochen, **ein** Vergnügen),
2. ein vorangestelltes Pronomen
   (**dein** Können, **ihr** Wohlergehen, **dieses** Strahlen),
3. vorangestellte Adjektive mit oder ohne Artikelwort
   (**ein gutes** Gelingen, **sicheres** Gewinnen),
4. eine vorangestellte Präposition
   (**zum** Gurgeln, **zum** Einreiben, beim Wandern).

Aufgabe 6

Ordne die substantivierten Verben aus dem Brief auf der folgenden Seite nach folgendem Schema in die Tabelle ein.

substant. Verb mit Artikelwort	substant. Verb mit Pronomen	substant. Verb mit Adjektiv	substant. Verb mit Präposition

Altenstadt, den 15. September 2010

Lieber Frank,

gern denke ich an die mit Dir verbrachten drei Wochen zurück. War das ein tolles Leben auf dem Bauernhof! Jeder Tag war ein Vergnügen! Das Herumstrolchen mit dem Hund Cäsar vermisse ich besonders. Und Dein Können im Umgang mit allen Tieren werde ich noch lange bewundern.
Für das neue Schuljahr wünsche ich Dir gutes Gelingen. Ich allerdings sehe der Schule mit gemischten Gefühlen entgegen. Zum Lernen fehlt mir noch die Lust. An das Sitzen und dieses ständige Pauken werde ich mich erst wieder gewöhnen müssen. Doch lautes Jammern hilft nichts – also packen wir es wieder an!

Mit den besten Grüßen

Dein Patrick

Aufgabe 7

Die eben gelernten Regeln sollst du auf den folgenden Text anwenden. Hinter jedem substantivierten Verb befindet sich eine Klammer. In diese sollst du die zutreffende Ziffer der Regel auf der linken Seite einfügen.

Ihr Schimpfen (   ) wird ihnen nichts nützen.

Mit Zittern und Zagen (   ) hat er seine Prüfung bestanden.

Gründliches Nachdenken (   ) und sorgfältiges Arbeiten (   ) führt rascher ans Ziel als gedankenloses Handeln (   ).

Das Bellen (   ) des Hundes erschreckt den Dieb.

Geistesgegenwärtiges Bremsen (   ) verhinderte schon manchen Unfall.

Beim Schreiben (   ) musst du dich konzentrieren.

Der hat ja von Tuten und Blasen (   ) keine Ahnung.

Das war ein Sausen und Brausen (   )!

Warum denn in die Ferne schweifen, denn das Gute (   ) liegt so nah!

Aufgabe 8

Setze richtig ein. Schreibe die Sätze zur Übung in dein Trainingsheft.

singen/Singen

Unser ____________ erfreut die Zuhörer. Schönes ____________ ist ein Genuss. Kannst du nicht dein ____________ bleiben lassen? Kannst du gut ____________ ? Er störte die Nachtruhe der Anlieger durch lautes ____________ .

denken/Denken

Manche Leute ____________ zu wenig. Schnelles ____________ führt zum Erfolg. Erst ____________ , dann handeln! Beim ____________ will man nicht gestört werden. Ich werde an dich ____________ .

spielen/Spielen

Wir ____________ im Garten. Die Kinder sind beim ____________ . Willst du mit mir ____________ ? Hast du Lust zum ____________ ? Heute will ich mit meinen Freunden ____________ .

wandern/Wandern

Das ____________ ist des Müllers Lust. Zum richtigen ____________ gehört festes Schuhwerk. Der Albverein geht am Sonntag ____________ . Stetes ____________ hält dich fit und gesund. Beim ____________ haben wir schon viele schöne Erlebnisse gehabt.

Substantivierte Adjektive

Adjektive werden großgeschrieben, wenn sie als Substantiv (Nomen) gebraucht werden. Dieses Vorgehen nennt man Substantivierung oder Nominalisierung von Adjektiven.

Adjektive können auf folgende Weise zum Substantiv werden:

- mithilfe eines **Artikels**.

  Beispiel: das Wunderbare, das Beste, die Schöne

- mithilfe eines **Pronomens**.

  Beispiel: unser Wertvollstes, dein Liebstes, mein Lieber!

- mithilfe einer **Präposition**.

  Beispiel: aufs Geratewohl, ins Schwarze treffen, im Trüben fischen

- mithilfe einer **unbestimmten Mengenangabe**.

  Beispiel: viel Schönes, allerlei Grobes, wenig Brauchbares

Aufgabe 9

Ordne die substantivierten Adjektive aus dem Prospekt in die Tabelle ein.

substantiviertes Adjektiv mit Artikelwort	substantiviertes Adjektiv mit Pronomen	substantiviertes Adjektiv mit Präposition	substantiviertes Adjektiv mit Numerale

Unser Prospekt für Kenner

Südseezauber – etwas Exotisches

Wenn Sie das Besondere lieben, werden Sie dieses Angebot begrüßen. Es ist eine Reise ins Ungewisse. Es erwartet Sie ein Paradies, das Ihnen das Prächtigste bietet: strahlende Sonne, blinkendes Meer, freundliche Inselbewohner … Diese Umgebung hat etwas Heiteres und Unbeschwertes.
Es sind einige Fahrten ins Blaue vorgesehen; das wird Ihnen einen unvergesslichen Eindruck vom Wundervollen der Südsee vermitteln.
Wir werden stets unser Bestes tun, um Ihnen den Aufenthalt angenehm zu gestalten.

Aufgabe 10

Hier werden aus Adjektiven eine Fülle von Substantiven gebildet. Schreibe sie in dein Trainingsheft.

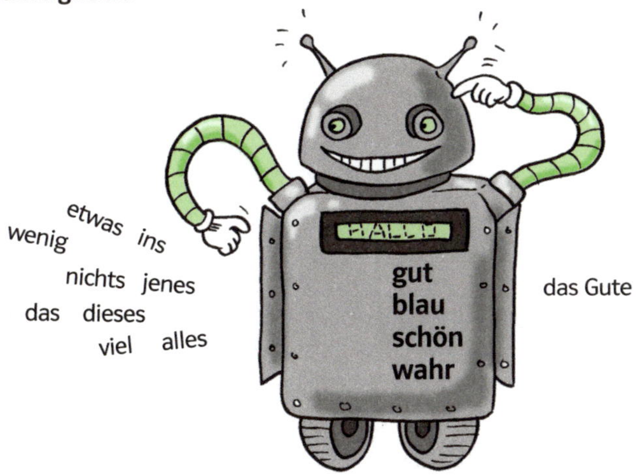

Aufgabe 11

Setze richtig ein. Schreibe die Sätze noch einmal in dein Trainingsheft.

arm/Arme

Wenn er zahlen muss, trifft es keinen ______________

Besser ______________ und gesund, als reich und krank.

Er hat vielen ______________ geholfen.

schön/Schöne

Sabine kauft einen ________________ Sommerhut. Sie ist allem ________________ zugetan. Wir haben im Urlaub viel ________________ erlebt. Sei ________________ brav!

finster/Finstere

Das ________________ der Nacht bedrückt mich. Die ________________ Nacht wirkt unheimlich. Im ________________ fürchte ich mich. Im Keller ist es kalt und ________________.

6.5 Diktate

Folgende Texte kannst du dir diktieren lassen. Es ist aber auch möglich, dass du sie aufnimmst und dann abhörst und aufschreibst.

Aufgabe 12

Die Nutzung der Windenergie

Die Kreuzfahrer haben auf ihren Zügen ins Morgenland die Windmühlen kennen gelernt. Heute baut man Windkraftanlagen, beispielsweise in den Bergen östlich von Los Angeles. In den Wüsten nahe dieser Stadt steigt die Luft durch Erwärmung auf. Kühle Luftmassen vom Meer strömen nach und nehmen ihren Weg über Gebirgspässe in das Landesinnere. Dabei erreichen sie Geschwindigkeiten von mehr als 80km/h. So günstige klimatische Verhältnisse findet man nicht überall. Versuchsanlagen wurden in den letzten Jahren auch in den deutschen Mittelgebirgen aufgestellt. Es wäre aber ein Irrtum, wenn man glaubte, man könnte bei uns eines Tages die Versorgung mit elektrischem Strom durch die Windenergie bestreiten.

Aufgabe 13

Kupfer aus Atacama

Getreidebau oder Viehzucht sind in dieser Wüstengegend nicht möglich. Dennoch haben die Menschen dort das Beste aus ihrer Lage gemacht. Die Kupfererze dicht unter der Erdoberfläche sind nämlich etwas Besonderes. Mit riesigen Löffelbaggern wird das Erz geschürft und in unförmigen Muldenkippern zu Kreiselbrechern, Stangen- und Kugelmühlen gebracht. Nach dem Zerkleinern wird das Kupfererz ausgewaschen. Während man das Gestein wegschüttet, kommt das Kupfererz in die Kupferhütte und wird zu reinstem Metall verarbeitet. Die Arbeiter müssen in Staub, Lärm und Hitze ihr Bestes geben. Es wird ihnen viel Mühe und Schweiß abverlangt. Dennoch tun sie etwas Wichtiges; Kupfer ist ein wertvoller Rohstoff für die Elektroindustrie.

Online-Abschlusstest 6

Glückwunsch! Du hast das **Kapitel 6 – Groß- und Kleinschreibung** durchgearbeitet. Du hast die Grundregeln zur Groß- und Kleinschreibung wiederholt und kannst auch substantivierte Adjektive und Verben erkennen und richtig schreiben.

So funktioniert der Online-Test:
Unter **www.klett.de/allesimgriff** kannst du jetzt deinen Lernerfolg überprüfen. Zu allen Themen dieses Kapitels werden dir Aufgaben gestellt. Wenn du sie bearbeitet hast, erhältst du am Ende des Tests eine Auswertung.

Willst du immer im Blick haben, welche Themen du schon kannst oder was du besser nochmals wiederholst? Dann übertrage deine Online-Ergebnisse unten in die Tabelle.
Du findest in der Tabelle alle Themen wieder, die du auch online bearbeitet hast.

Mein Ergebnis im Online-Test – Kapitel 6

Thema	Mein Ergebnis
Substantive	
Substantivierte Verben	
Substantivierte Adjektive	
Groß oder klein?	

7 Silbentrennung

Wörter trennen

Man trennt Wörter am Zeilenende:

1. In der Wortfuge kann immer getrennt werden.
   Beispiele: Spiel-zeug, ab-springen.
2. Man trennt Wörter meistens, wie sie sich bei langsamem Vorlesen in Silben zerlegen lassen.
   Beispiele: Vor-der-pfo-te, aus-pa-cken, Pap-pe, müs-sen.

Beachte:
Einzelne Vokale am Wortanfang und -ende dürfen nicht getrennt werden, auch nicht bei Komposita.
Beispiele: Abend, Idee, Bio-müll, Juli-abend.

Nicht getrennt werden dürfen ck, ch, sch, ph, rh, sh, th
Beispiel: Zu-cker, su-chen, Geo-gra-fie.
Aber: st darf getrennt werden
Beispiele: meis-tens, Kies-las-ter, der Nächs-te.

Manche Wörter haben zwei Trennmöglichkeiten.
Beispiele: dar-um, da-rum; hin-auf, hi-nauf.

Aufgabe 1

Hier siehst du eine Seite aus Leonis Aufsatzheft. Sie hat einen flüssigen Schreibstil, doch die über die Zeilen geschriebenen Wörter stören das Gesamtbild. Leoni hat offenbar Schwierigkeiten mit der Silbentrennung.

> Im Urlaub hatten wir drückende
> Hitze. Am frühen Morgen
> wehte eine frische Brise landwärts,
> doch bald wurde es heiß
> man schien von der knisternden
> Luft eingeschlossen. Da
> half nur ein erfrischendes
> Bad. Das Meerwasser habe
> ich sehr genossen. Die
> Wellen umspülen den Körper
> und man fühlt sich von den
> Wellen getragen. Das ist ein

Gib alle Möglichkeiten an, folgende Wörter zu trennen:

drückende ______________________________

____

landwärts ______________________________

____

knisternden ______________________________

____

Aufgabe 2

Der folgende Text soll in die Schülerzeitung aufgenommen werden. Damit sich beim Spaltendruck kein Silbentrennfehler einschleicht, schreibe den ganzen Text in Silben getrennt in dein Trainingsheft.

Tipp: Wichtig ist, dass du die einzelnen Wörter langsam vorliest. So findest du die richtige Silbentrennung am sichersten.

Gerdas Sieg

Es war ein kalter Morgen. Unsere Schulmannschaft fand sich dennoch pünktlich auf dem Sportplatz ein. Die gegnerische Mannschaft aus Adorf war schon da. Nach einem ersten Warmlaufen wurden die Startnummern vergeben. Gerda zog die Fünf. Dann zeigte sie ihr Können an den Hürden, sie lief nicht, sie flog beinah. Verdientermaßen errang sie den ersten Platz. Petra, ihre hartnäckigste Konkurrentin, blieb um zwei Zehntel abgeschlagen. Petra meinte, dass sie Pech beim Starten hatte. Diese Zehntelsekunden will sie das nächste Mal hereinholen … Es ist ein beglückendes Gefühl, dass unsere Schule fast doppelt so viele Urkunden errungen hat wie die Gegner aus Adorf.

Online-Abschlusstest 7

Toll! Du hast das **Kapitel 7 – Silbentrennung** durchgearbeitet. Du hast wiederholt, wie Wörter richtig getrennt werden und auch welche Buchstabenkombinationen niemals getrennt werden dürfen.

So funktioniert der Online-Test:
Unter **www.klett.de/allesimgriff** kannst du jetzt deinen Lernerfolg überprüfen. Zu allen Themen dieses Kapitels werden dir Aufgaben gestellt. Wenn du sie bearbeitet hast, erhältst du am Ende des Tests eine Auswertung.

Willst du immer im Blick haben, welche Themen du schon kannst oder was du besser nochmals wiederholst? Dann übertrage deine Online-Ergebnisse unten in die Tabelle.
Du findest in der Tabelle alle Themen wieder, die du auch online bearbeitet hast.

Mein Ergebnis im Online-Test – Kapitel 7

Thema	Mein Ergebnis
Silbentrennung	

8 Getrennt- und Zusammenschreibung

Im Deutschen bilden Wörter, die inhaltlich eng aufeinander bezogen sind Zusammensetzungen und werden zusammengeschrieben **(Bergpanorama)**. Wörter, die aber inhaltlich loser miteinander verbunden sind, stehen im Satz in einer Gruppe zusammen (Wortgruppe) und werden getrennt geschrieben **(auf den Berg steigen)**.

Regeln zur Zusammenschreibung

1. Zusammengeschrieben wird, wenn einer der Bestandteile des Wortes nicht selbstständig vorkommt.
   Beispiele: **einfach** → *fach* allein gibt keinen Sinn und ist kein selbstständiges Wort;
   redselig → *red* allein gibt keinen Sinn und ist kein selbstständiges Wort;
   mehrmals → *mals* allein gibt keinen Sinn und ist kein selbstständiges Wort.

2. Gleichrangige Adjektive schreibt man zusammen. Oft gibt dabei der erste Bestandteil die genauere Bedeutung an.
   Beispiele: **graublau**, **bitterböse**, **blassgrün**

3. Wortverbindungen, deren erster Bestandteil für eine Wortgruppe steht, werden zusammengeschrieben.
   Beispiele: **taghell** → hell wie der Tag,
   pechschwarz → schwarz wie Pech

Regeln zur Getrenntschreibung

Beispiele: auf den Berg steigen, Rad fahren, bleiben lassen, wie viel

4. Zwei gleichrangige Verben werden getrennt geschrieben, wenn die Bedeutungen beider Bestandteile sich in der Verbindung nicht verändern, sondern sich gegenseitig genauer erklären.
   Beispiel: **arbeiten kommen** → Was kommt er? arbeiten;

5. Wortgruppen mit *sein* werden getrennt geschrieben.
   Beispiele: **los sein, vorüber sein**

6. Bezeichnet ein Adjektiv die Art und Weise des Verbs näher, wird getrennt geschrieben.
   Beispiele: **hastig gehen** → Wie geht er? hastig;
   planvoll arbeiten → Wie arbeitet sie? planvoll.

7. Geografische Eigennamen und besondere Bauwerke mit Ableitungen auf -er, werden vom Nomen getrennt geschrieben.
   Beispiele: **Lüneburger Heide, Naumburger Dom**

Aufgabe 1

Schreibe die im Zeitungsbericht fett gedruckten Wörter nach folgendem Schema (Regeln auf der linken Seite) in dein Trainingsheft.

Regel 1	Regel 2	Regel 3	Regel 4	Regel 5	Regel 6	Regel 7

50 Jahre Bergführer

In den letzten Tagen feierte Sepp Oberkofler sein 50-jähriges Bergführerjubiläum. Er ist als **einmaliges** Orginal bekannt. Zeitig am Morgen kommt er zum Sammelplatz. Durch **jahrelange** Erfahrung weiß er, dass er zuerst das Schuhwerk und die Kleidung seiner Schützlinge prüfen muss. Er will sicher sein, dass alle eine **wetterfeste** Ausrüstung haben; denn in den Bergen kann es überraschend **nasskalt** werden. Dann wird eine Regenhaut und warme Kleidung **vonnöten** sein. Den **wissbegierigen** Teilnehmern gibt er schnurrige Ratschläge und auf **dummdreiste** Fragen eine **schlagfertige** Antwort. Es ist **aufschlussreich**, ihm bei der Inspektion der Teilnehmer zuzusehen. „Die werden alle erst **wandern lernen** müssen“, sagt er zu sich. Sepp wählt stets einen Aufstieg, den alle bewältigen können. Erst nach **mehrstündigem** Marsch ist das angesteuerte Ziel, sein geliebtes Sonnenhorn, erreicht. Die Rast unter dem Gipfelkreuz entschädigt für alle Mühen, denn es sollen alle **zufrieden** sein. Gegen den **sattblauen** Himmel erscheint das Bergpanorama majestätisch. Nach der Wanderung gehen alle zusammen **bayerisch essen**. Sepp erzählt dabei **humorvoll** von seinen Bergerlebnissen in den **Allgäuer Alpen** – ob Dichtung oder Wahrheit, wer weiß das schon?

Aufgabe 2

Robby fasst die folgenden Ausdrücke zu einem Wort zusammen. Schreibe die neuen Wörter in dein Trainingsheft.

hoch wie ein Turm
blau wie der Himmel
alt wie ein Stein
hart wie Stahl
scharf wie ein Messer
weiß wie Schnee
breit wie ein Fuß
leicht wie eine Feder
klar wie Glas
dick wie eine Faust
dumm wie Stroh
kalt wie Eis
grün wie Gras
schnell wie ein Pfeil
weich wie Butter
dürr wie eine Spindel
fromm wie ein Lamm
rot wie Blut
trocken wie Pulver
dünn wie ein Hauch
rund wie eine Kugel
lang wie eine Elle
schön wie ein Wunder
schlank wie eine Gerte

Aufgabe 3

Bilde aus den Bausteinen zusammengeschriebene Adjektive! Schreibe sie in dein Trainingsheft.

dunkel
lau
süß
tief
bitter
alt
neblig
zart

blau
gliedrig
kalt
trüb
warm
rot
ehrwürdig
sauber

Online-Abschlusstest 8

Super! **Du hast das Kapitel 8 – Getrennt- und Zusammenschreibung** durchgearbeitet. Du weißt, welche Regeln bei der Zusammenschreibung von Wörtern gelten und welche Wörter getrennt geschrieben werden müssen.

So funktioniert der Online-Test:
Unter **www.klett.de/allesimgriff** kannst du jetzt deinen Lernerfolg überprüfen. Zu allen Themen dieses Kapitels werden dir Aufgaben gestellt. Wenn du sie bearbeitet hast, erhältst du am Ende des Tests eine Auswertung.

Willst du immer im Blick haben, welche Themen du schon kannst oder was du besser nochmals wiederholst? Dann übertrage deine Online-Ergebnisse unten in die Tabelle.
Du findest in der Tabelle alle Themen wieder, die du auch online bearbeitet hast.

Mein Ergebnis im Online-Test – Kapitel 8

Thema	Mein Ergebnis
Getrennt- und Zusammenschreibung	

9 Zeichensetzung

9.1 Satzzeichen am Schluss von Ganzsätzen

Einen vollständigen Satz muss man als Einheit erkennen können. Der Leser hätte sonst große Schwierigkeiten beim Lesen des Textes. Man beginnt einen Satz mit einem großen Buchstaben und schließt ihn mit einem Satzschlusszeichen (Punkt, Ausrufezeichen, Fragezeichen) ab.

Satzschlusszeichen

1. Mit dem Punkt kennzeichnet man den Schluss eines Ganzsatzes.
   Beispiel: Gestern hat uns Tante Luise besucht.
2. Mit dem Ausrufezeichen gibt man dem Inhalt eines Ganzsatzes einen besonderen Nachdruck. Das Ausrufezeichen kennzeichnet eine Aufforderung.
   Beispiel: Vergiss nicht das Licht zu löschen!
3. Mit dem Fragezeichen wird ein Ganzsatz als Frage gekennzeichnet.
   Beispiel: Darf ich dich einmal besuchen?

Aufgabe 1

Schreibe folgenden Telegrammtext in dein Trainingsheft und setze die entsprechenden Zeichen am Ende eines Satzes.

TELEGRAMM

HEUTE GING DIE BESTELLTE SENDUNG AB DIE ZUSTELLUNG ERFOLGT PER BAHNFRACHT BITTE VORSICHT BEIM AUSPACKEN BEACHTEN SIE DABEI DIE BEIGEFÜGTE ANLEITUNG TRANSPORTSCHÄDEN SIND INNERHALB VON DREI TAGEN NACH ERHALT ZU MELDEN WANN DÜRFEN WIR MIT IHRER NÄCHSTEN BESTELLUNG RECHNEN

Zeichensetzung bei Gliedsätzen

Komma bei Gliedsätzen

1. Gliedsätze werden durch ein Komma getrennt.
   Beispiel: Ich benötige einen Schirm, weil es heute regnet.
2. Wenn ein Gliedsatz in der Mitte eines Satzes steht, steht vor und hinter dem Gliedsatz ein Komma.

   Gliedsätze werden eingeleitet durch:
   Relativpronomen wie: der, die, das, welcher, welche, welches.
   Beispiel: Das Haus, das einen grünen Anstrich hat, gehört meiner Tante.

   Konjunktionen wie: weil, da, sodass, obwohl, ob, wie, …
   Beispiel: Ich werde heute, weil es regnet, den Schirm mitnehmen.

Aufgabe 2

Bilde aus den folgenden Satzpaaren jeweils einen Satz mit eingeschobenem Relativsatz.

1. Das Hochhaus steht am Stadtrand. Es ist 36 m hoch.

   ____

   ____

2. Das Buch ist interessant. Klara liest es gerade.

   ____

   ____

3. Der Ballon gewinnt an Höhe. Er trägt bunte Reklame.

   ____

   ____

4. Das Auto wird repariert. Es ist gestern stehen geblieben.

   ____

   ____

Aufgabe 3

Verbinde Satz 1 und 2 jeweils durch eine sinnvolle Konjunktion! Dabei kommt es beim Gliedsatz zu Umstellungen. Schreibe die Sätze auf.

Beispiel: *Die Katze klettert auf den Baum, da sie verfolgt wird.*

Satz 1	Konjunktion	Satz 2
Die Katze klettert auf den Baum. Er läuft durch den finsteren Wald. Peter weint. Tina geht in die Schule. Christine geht zum Arzt. Klaus hofft.	da / dass / nachdem / ob / obwohl / sodass / während / weil / wenn / wie	Sie wird verfolgt. Er fürchtet sich. Er hat sich das Knie verletzt. Sie hat Kopfweh. Sie fühlt sich krank. Er verpasst den Zug nicht.

Zeichensetzung bei Reihungen

Komma bei Reihungen

Eine Reihung entsteht, wenn Gliedteile, Satzglieder oder Sätze aneinandergereiht werden. Die Reihung kann durch eine Konjunktion (und, oder, sowie, beziehungsweise [bzw.] ...) bzw. durch ein Komma gekennzeichnet werden.

Beispiele:
Katja, Mia, Tom und Juri gehen zur Schule.

Die Sonne scheint und im Garten werden die ersten Erdbeeren reif.
Die Sonne scheint, im Garten werden die ersten Erdbeeren reif.

Aufgabe 4

Lies folgenden Text! Du findest hier Reihungen, bei denen die Konjunktion und viel zu oft verwendet wurde. Schreibe daher den Text mit entsprechenden Satzzeichen in dein Trainingsheft.

Mutter und Vater und Oma und meine Schwester haben mir eine neue Schultasche geschenkt. Ich packe das Lesebuch und das Rechenbuch und das Sprachbuch und das Mäppchen und alle meine Hefte in den Ranzen. Am ersten Tag nach den Ferien haben wir Mathematik und Englisch und Sport und Erdkunde. Ich komme vor der Schule an und die Schulglocke läutet und der Hausmeister schaut mich vorwurfsvoll an. Im letzten Augenblick husche ich in die Klasse und schon kommt unsere neue Lehrerin und begrüßt uns schneidig.

9.4 Wörtliche Rede

Satzzeichen bei der wörtlichen Rede

Anschaulich wird ein Text durch wörtliche Rede. Was wörtlich wiedergegeben wird, ist durch Anführungszeichen zu kennzeichnen („…"). Oft steht bei der wörtlichen Rede ein Begleitsatz. Hier sind drei Fälle zu unterscheiden:

1. Der Begleitsatz ist vorangestellt. Nach dem Begleitsatz steht ein Doppelpunkt.
   Beispiel: Die Mutter rief**:** „Komm schnell zu mir!"
2. Der Begleitsatz ist nachgestellt. Dabei wird der Begleitsatz durch ein Komma abgetrennt.
   Beispiel: „Ich komme nicht vom Baum herunter!"**,** rief Tanja.
3. Der Begleitsatz ist eingeschoben. Dabei wird der Begleitsatz vorn und hinten durch ein Komma abgetrennt.
   Beispiel: „Ich komme"**,** rief Tanja**,** „nicht vom Baum herunter!"

Aufgabe 5

Setze im folgenden Text die fehlenden Satzzeichen! Schreibe den Text in dein Trainingsheft.

Der aufgeblasene Frosch

Ein Frosch hockte bei seinen Kindern im Sumpf, als er einen Ochsen erblickte, der am Ufer sein Futter suchte. Da wollte er auch so groß sein und blies sich auf, so stark er nur konnte. Bin ich nun so groß wie der Ochse fragte er. Nein antworteten die Kinder. Da blies sich der Frosch noch stärker auf und fragte abermals Bin ich jetzt so groß – Noch immer nicht antworteten die Kinder. Da blies der Frosch sich mit solcher Gewalt auf, dass er zerbarst.

(Äsop)

Online-Abschlusstest 9

Glückwunsch! Du hast das **Kapitel 9 – Zeichensetzung** durchgearbeitet. Du weißt nun alles über Satzschlusszeichen, die Zeichensetzung bei Nebensätzen und Reihungen sowie der wörtlichen Rede.

So funktioniert der Online-Test:
Unter **www.klett.de/allesimgriff** kannst du jetzt deinen Lernerfolg überprüfen. Zu allen Themen dieses Kapitels werden dir Aufgaben gestellt. Wenn du sie bearbeitet hast, erhältst du am Ende des Tests eine Auswertung.

Willst du immer im Blick haben, welche Themen du schon kannst oder was du besser nochmals wiederholst? Dann übertrage deine Online-Ergebnisse unten in die Tabelle.
Du findest in der Tabelle alle Themen wieder, die du auch online bearbeitet hast.

Mein Ergebnis im Online-Test – Kapitel 9

Thema	Mein Ergebnis
Satzzeichen am Schluss von Ganzsätzen	
Zeichensetzung bei Gliedsätzen	
Zeichensetzung bei Reihungen	
Zeichensetzung in der wörtlichen Rede	

LÖSUNGEN

Aufgabe 1

Du hast beim lauten Lesen sicher gemerkt, dass manche Vokale lang, andere aber kurz gesprochen werden. Wer richtig schreiben will, muss zunächst lang und kurz gesprochene Vokale unterscheiden können.

Aufgabe 2

Grạmm	–	Gra̱m		Sti̱e̱l	–	stịll		e̱ben	–	Ẹbbe	
Hü̱te	–	Hụ̈tte		fụ̈llen	–	fü̱hlen		ịrre	–	i̱hre	
Ho̱f	–	họffen		ste̱hlen	–	stẹllen		qui̱e̱ken	–	erquịcken	
kạnn	–	Ka̱hn		sạtt	–	Sa̱a̱t		Bạrren	–	Ba̱hre	
Ru̱hm	–	Rụm		Sta̱a̱t	–	stạtt		Họ̈lle	–	Hö̱hle	
ịnnen	–	i̱hnen		ạlle	–	A̱a̱le		be̱ten	–	Bẹtten	
wi̱r	–	wịrr		la̱hm	–	Lạmm		Rạtte	–	ra̱ten	

Du erkennst, dass die Rechtschreibung der Wörter mit lang gesprochenem Vokal schwierig ist, weil es verschiedene Schreibweisen für den gedehnten Laut gibt.

Aufgabe 3

a, e, i, o, u, ä, ö, ü	**aa, ee, oo**	**ah, eh, ih, oh, uh, äh, öh, üh**	**ie**
Märchen	Meer	Zahl	sieden
Rad	bemoost	ihnen	Biene
rötlich	Waage	führen	
südlich		Fähre	
Eigentum		Ruhm	
Dame		Lohn	
Wut		Verkehr	
Stil		Söhne	
dir		verwöhnen	
Ofen			
sagen			

An deiner Tabelle erkennst du, dass man die richtige Schreibweise lang gesprochener Vokale nicht allein durch das Hören finden kann.

Aufgabe 4

Fohlen, blühen, zähmen, nahen, bekehren, Hühner, drohen, fähig, kühl, hohl, Krähe, wiehern, besohlen, ziehen, rühmen, verrühren, leihen, bemühen, Köhler, ausführlich, verzeihen, Ehre, belehren, früher, Ruhe, drehen, Schuhe

Das h kann immer dort mitgesprochen werden, wo es die Silbenfuge bzw. die Silbentrennung deutlich macht. Als Beispiele: Kü-he, Hö-he, na-he, frü-her. In allen diesen Wörtern wird der Vokal vor dem h lang, der Vokal nach dem h kurz gesprochen.

Aufgabe 5

Fohlen, blühen, zähmen, nahen, bekehren, Hühner, drohen, fähig, kühl, hohl, Krähe, wiehern, besohlen, ziehen, rühmen, verrühren, leihen, bemühen, Köhler, ausführlich, verzeihen, Ehre, belehren, früher, Ruhe, drehen, Schuhe.

Sieh dir die unterstrichenen Wörter genau an! Das h, das einen langen Vokal kennzeichnet, steht in allen Fällen vor den Konsonanten l, m, n, und r.

Aufgabe 7

lang gesprochene Vokale ohne besondere Kennzeichnung: a, e, o, u	**lang gesprochene Vokale, die durch ein eingeschobenes h gekennzeichnet sind: ah, eh, oh, uh, äh, öh, üh**	**lang gesprochene Vokale, die durch eine Verdoppelung von aa, ee, oo gekennzeichnet sind**
schöne – Tage – erleben – du –	fährst	Waage
Gelegenheit – oder – aber –	Kahnfahrt	paar
vorsichtig – Übermut – tut –	Bootsfahrt	See
gut – Skorpion – das/Leben –	verwöhne	Bootsfahrt
verscheuche – trübe – nach –	gefährlich	Seele
den/Enttäuschungen –	jäh	
schönen – nächsten – du –	verführen	
das – große – Los – wäre –	kühlen	
aber – unüberlegtem – Tun –	versöhne	
behalte – so – möglich –		
Überlegene		

Aufgabe 8

Vase	**plagen**	**Schnaken**	**haben**
Nase	jagen	Laken	Raben
Base	wagen	quaken	laben

Aufgabe 9

1. Nebel, 2. Besen, 3. Kegel, 4. Segel, 5. Leder

Aufgabe 10

Leben, Leder, eben, der, Regen, Rede, Nebel, Ebene, rege, edel, Eger, erregen, Gene

Aufgabe 11

Kanuverleih, Minutenzeiger, Puderdose, Frisurmode, Kulturbeutel, Literaturpreis, Jutesack, Monsunwind, Kajütentür, Menüvorschlag, Erdbeerkonfitüre, Parfümzerstäuber

Aufgabe 12

besudeln, Besucherin, Betrügerei, Betrug, Bubenstreich, Bubenhut, Budenzauber, Buchenscheite, Buchenlaub, Blut, Blumenschale, Blütenpracht, Blütenstaub

Aufgabe 13

Bahn	**kahl**	**lahm**	**fahren**	**mahlen**
Hahn	Pfahl	Rahm	verwahren	prahlen
Kahn	Wahl	zahm	aufbewahren	strahlen
Zahn	Zahl			zahlen

lähmen	**wählen**	**ernähren**	**erwähnen**
zähmen	vermählen	gewähren	gähnen
	stählen	verjähren	Strähnen

Aufgabe 14

Mohn, Lohn, Sohn, Hohn, Huhn, Hahn, Wahn, Wahl, wohl, hohl, Kohl, kahl, Zahl, fahl, Stahl, Pfahl, Mahl, Mehl, mehr, Mohr, Rohr, Ruhm, Rahm, lahm, zahm, Zahn, Bahn, Kahn

Aufgabe 15

einbezahlen, anbezahlen, aufzählen, ausbezahlen, auszählen, abzahlen, abzählen, bezahlbar, erzählen, unzahlbar, unzählig, zahllos, Zählung, Zahlung, Zähler, unzählig, Barzahlung, Erzähler…

Aufgabe 16

Fühler, berühmt, Aufruhr, zerwühlen, Stuhllehne, Huhn, Bühne, Kühle, sühnen, Ruhm

Aufgabe 17

1						U	H	R					
2					M	Ü	H	L	E				
3				B	E	R	Ü	H	M	T			
4			A	U	S	F	Ü	H	R	E	N		
5		W	A	N	D	E	R	S	C	H	U	H	
6	F	R	Ü	H	L	I	N	G	S	F	E	S	T

Aufgabe 18

unverführbar, verführbar, Unterführung, durchführbar, Überführung, Ausführung, Aufführung, Verführung, Vorführung, verführerisch, Verführbarkeit, Einführung, einführbar, ausführlich, Anführer, vorführbar, führerlos, Vorführbarkeit, Verführerin

Aufgabe 19

Elternpaar, Ehepaar, Paarhufer, Paarlauf
Haupthaar, Barthaar, Haartracht, Haarfarbe
Wintersaat, Zwischensaat, Saatgetreide, Saatbeet
Königssaal, Tanzsaal, Saalordner, Saaltür
Flussaal, Seeaal, Aalsuppe, Aalfang
Ameisenstaat, Inselstaat, Staatsbahn, Staatsbesuch

Aufgabe 20

	S	Ä	L	E			
P	Ä	R	C	H	E	N	
	M						
W	A		P	S	Ä	E	N
A	N		A				S
A	N		A	A	S		A
G			R				A
E			S	T	A	A	T

Die Wörter aus dem Wörterversteck zeigen dir, dass sich aus *aa* kein doppeltes *ä* ableiten lässt. Das erkennst du bei der Pluralform Säle ebenso wie an der Verkleinerungsform Pärchen. Auch andere Ableitungen von einem Wort mit *aa* werden nur mit *ä* geschrieben. Im Wörterversteck trifft dies auf Saat – säen zu; ebenso lässt sich ableiten: Saat – Sämann oder Waage – abwägen.

Aufgabe 21

Meersalz	Märchenfee	Kaffeesieb
Lorbeerblatt	Bodensee	Speerspitze
Teerfass	Erdbeere	Geleeglas

Aufgabe 22

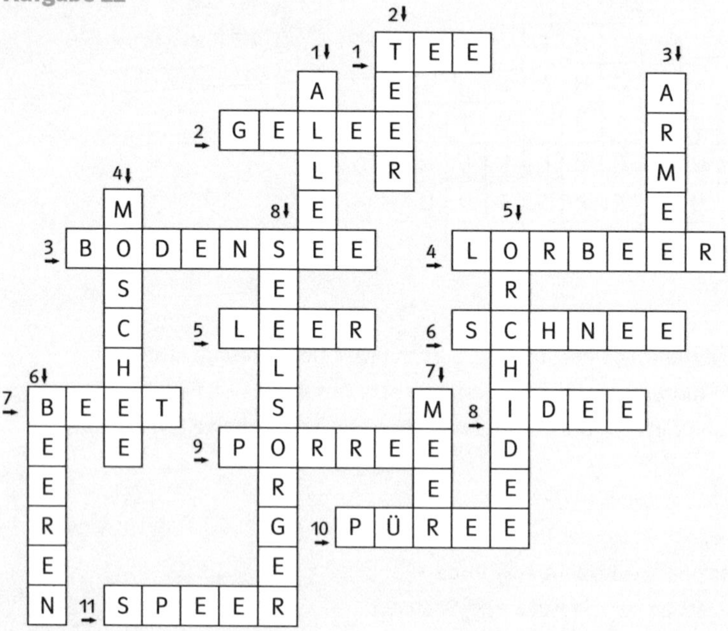

Aufgabe 23

Er kaufte im Fischgeschäft einen geräucherten **Aal**. Der Schuhmacher bohrt mit seiner **Ahle** Löcher ins Leder, um nähen zu können. Zum 80. Geburtstag meiner Großmutter waren viele Leute zum Fest**mahl** eingeladen. Auf unserem Marktplatz steht ein Krieger**denkmal**. Er hat mich gestern drei**mal** angerufen. Alexandra hat ein Mutter**mal** am Hals. Fünf **mal** sieben ist fünfunddreißig. Der Weingärtner fährt seinen **Wagen** voller Trauben auf die **Waage** an der Kelter. Bei der Auf**nahme** des Unfalls schrieben die Polizisten zunächst die **Namen** der Unfallbeteiligten auf. Ob die Schilderung des Unfallhergangs **wahr** ist, wird noch geprüft. Großmutter **mahlt** ihren Kaffee in einer Handmühle. Gestern durften wir in der Schule ein Urlaubsbild **malen**. Stefan hat diese Woche zum zweiten **Mal** in der Schule gefehlt. Die Fischer haben einen **Wal** gefangen. Unser Bürgermeister hat die **Wahl** verloren.

Aufgabe 24

Die Briefe werden vom Post**boten** gebracht. Zum Bergrennen hat sich ein **Meer** von Zuschauern eingefunden. Die Welt**meere** bedecken zwei Drittel der Erdoberfläche. Im Hafen ankern viele Segel**boote**. Die Maurer legen eine dicke **Bohle** über den Graben. In seiner Schuh**sohle** ist ein Loch. Die Mülltonne wird von der Müllabfuhr **geleert**. Der Lehrer **lehrt** die Kinder neue Sprachen. Süßigkeiten schmecken mir so gut, dass ich immer **mehr** davon haben will. Er **wehrt** sich gegen den Vorwurf, ein Lügner zu sein. Sein guter Ruf ist es **wert**, dafür zu kämpfen.

Aufgabe 25

							B	E	D	U	I	N	E				
								M	A	N	D	O	L	I	N	E	
									M	A	R	G	A	R	I	N	E
									P	R	A	L	I	N	E		
							A	P	F	E	L	S	I	N	E		
				V	A	S	E	L	I	N	E						
							V	I	O	L	I	N	E				
									K	A	N	T	I	N	E		
								R	O	S	I	N	E				
									M	A	R	I	N	E			
								R	O	U	T	I	N	E			
							V	I	T	A	M	I	N	E			
							R	U	I	N	E						
P	E	R	S	P	E	K	T	I	V	E							
								T	E	R	R	I	N	E			

Lösungswort:
Dampflokomotive

Aufgabe 26

Benzinkanister, Nikotinvergiftung, Kapitänsmütze, Kaminfeger, Medizinstudent, Litermaß, Fibelseite, Tigerfell, Fotostativ, Mikrofonkabel, Bibelübersetzung, Martinstag

Aufgabe 27

zieren, ziehen, zielen, schielen, schieben, lieben, liegen, biegen, wiegen, siegen, sieben, stieren

Aufgabe 28

Stier	Giebel	liegen
Riese	Bier	lieben
Bier	Riegel	quieken
Tier	Siegel	schieben
vier	Kiefer	schmieren
Sieg	Siege	Spieß

Aufgabe 29

Der Musiklehrer übte für ein Schulfest die **Melodie** eines Musikstückes so lange, bis alle Stimmen in **Harmonie** zusammenklangen. Die Lust am Musizieren hatte die Schüler wie eine **Epidemie** erfasst. Obwohl sie alle sehr viel **Energie** aufbrachten, hatten sie nicht die **Garantie**, dass es bei der Aufführung auch so harmonisch klingen würde. Schon die Raumakustik machte das Unternehmen zu einem **Lotteriespiel**, denn beim Schulfest sollten sie auf der **Galerie** der Festhalle untergebracht werden. Nur dort war die **Deponie** der Musikinstrumente möglich.

Aufgabe 30

					I	H	N	E	N
		I			H				
	I	H	R	E	R				
I	H	R							
		E							
I	H	M							

Aufgabe 31

Die Wanderer singen ein frohes **Lied**. Der Augenarzt untersucht das verletzte **Lid**. Er **stiehlt** einen Apfel vom Baum. Der Schaufel**stiel** ist abgebrochen. Er schreibt einen flüssigen **Stil** in seinem Aufsatz. Frieder machte eine schlechte **Miene**, als ihm die **Mine** seines Bleistifts während der Klassenarbeit abbrach.

Aufgabe 32

Auch in diesem Jahr ist Thomas mit seinen Eltern **wieder** in die Berge gefahren. Wenn er jodelt, wartet er auf den **Widerhall**. Immer **wieder** probiert er es. Das geht so lange, bis Mutter **Widerspruch** einlegt. Thomas möchte sich nicht **widersetzen**; **widerwillig** lässt er die Jodelei. Aber morgen wird er sie **wiederholen**.

Aufgabe 1

Konsonantenhäufung	Konsonantenverdoppelung	ck und tz
Se**kt**	vere**bb**en	a**ck**ern
ku**pf**ern	schle**pp**en	fli**tz**en
Fla**nk**e	re**nn**en	Pflo**ck**
schla**nk**	kri**bb**eln	Mü**tz**e
Lu**mp**	dü**rr**	Ka**tz**e
stä**rk**en	Pu**dd**ing	Du**tz**end
we**lk**en	Schwa**mm**	Brü**ck**e
Vo**lk**	vermu**mm**en	Perü**ck**e
Su**mpf**	re**tt**en	
I**mk**er	Se**ss**el	
Pa**kt**	schla**ff**	
Ma**rk**	fa**ll**en	
Da**nk**	E**ll**e	
	Pa**dd**el	
	fla**gg**en	

Aufgabe 2

HOLZBALKEN
ELEFANT
BILD
STERNE
MILCHKANNE
WELTKUGEL
FISCH
BRÜCHE
TRINKHALM
ZELT
SANDUHR
ENGEL
ZWÖLF
APFEL
BERGGIPFEL
REGENWOLKE

Lösungswort: Blinklichtanlage

Aufgabe 3

Reiseprospe**kt**, Bergwe**lt**, si**nd**, fi**nd**en, e**tw**as, Mita**rb**eiter, ausgefa**ll**ene, gefu**nd**en, do**ch**, A**ngst**, Ko**nd**ition, Be**rg**steigen, we**rd**en, du**rch**, vielfä**lt**ige, A**lp**en

Aufgabe 4

Schmalz	**Falken**	**melken**	**Wild**	**Gehalt**
Salz	Balken	welken	Bild	Gestalt
Malz	kalken	Nelken	Schild	kalt

Sumpf	**Zwirn**	**Wort**	**Schmerz**	**Mark**
Strumpf	Stirn	Hort	Scherz	stark
stumpf	Hirn	Sport	Herz	Quark

Aufgabe 5

Sand/Samt, Schwarte, kalt, Ente, Spalte, Bürde, Kante, Binder/Bilder, Herde, finden, falten, Geduld, Horde, Falte, Tante, Bänder, halten, Ränder, Kälte, versäumt

Aufgabe 6

Paddelboot, schwabbelt, Pudding, krabbelt, Roggen, geritten, Rappe, geschnitten, gellen, bellen, schwimmen, glimmen, büffeln, schnüffeln, essen, fressen, klettern, schmettern, rennen, brennen, schnurren, knurren, rollen, grollen

Aufgabe 7

schroff, Sauerstoff, offen, hoffen, betroffen, getroffen, besoffen, Koffer, Hoffnung, Stoffel, Kartoffel, Pantoffel

Aufgabe 8

wellig, Stille, fallen, Halle, Falle, grillen, fallen, stellen, Galle, schallen, Drill, Moll, Wolle, Welle, Rolle, Polle, Pelle, Pille, Stille, Fall

Aufgabe 9

1					E	G	G	E		
2				H	O	B	B	Y		
3				P	U	D	D	I	N	G
4				R	O	B	B	E		
5			K	R	A	B	B	E		
6				P	A	D	D	E	L	
7			K	L	A	D	D	E		
8					E	B	B	E		
9			F	L	A	G	G	E		
10				S	A	B	B	A	T	
11				W	I	D	D	E	R	
12				R	O	G	G	E	N	
13				D	O	G	G	E		
14				B	A	G	G	E	R	
15			K	R	A	B	B	E	L	N
16	S	C	H	R	U	B	B	E	N	
17	S	C	H	M	U	G	G	E	L	N

Aufgabe 10

Auf die Nase **fallen**,
mit der Peitsche **knallen**.
Auf den Kopf sich **stellen**,
an der Haustür **schellen**.

Wie ein Löwe **brüllen**,
einen Eimer **füllen**.
Eine Kugel **rollen**,
wie der Donner **grollen**.

Aufgabe 11

schwimmen
klimmen
glimmen
stimmen

Lamm
Kamm
Stamm
Schwamm

Kummer
Summer
Schlummer

Kammer
Hammer
Jammer

dumm
stumm
krumm

Stummel
Hummel
Bummel

Lümmel
Kümmel

Aufgabe 12

Lappen, Wappen, Lippe, Wippe, Kappe, Krippe, kippen, Rippe, Kippe, nippen, Rappen, kappen

Aufgabe 13

I	M	M	E	R									
K	A	M	M	E	R								
F	L	A	M	M	E	N							
S	C	H	I	M	M	E	L						
S	C	H	W	I	M	M	E	R					
V	E	R	S	T	U	M	M	E	N				
Ü	B	E	R	S	T	I	M	M	E	N			
K	A	T	Z	E	N	J	A	M	M	E	R		
Ü	B	E	R	S	C	H	W	E	M	M	E	N	
K	L	A	V	I	E	R	S	T	I	M	M	E	R
A	B	E	N	D	S	C	H	I	M	M	E	R	
K	A	B	E	L	T	R	O	M	M	E	L		
H	A	A	R	K	L	E	M	M	E	N			
H	O	L	Z	H	A	M	M	E	R				
T	Ü	R	S	U	M	M	E	R					
G	E	W	I	M	M	E	R						
S	T	I	M	M	E	N							
H	E	M	M	E	N								
A	M	M	E	N									

Aufgabe 14

Schubkarren
Pferdegeschirr
Hausherr
Goldbarren
Muskelzerrung
Stadtpfarrer
Dörrobst
Starrsinn
Sperrholz

Aufgabe 15

Wirrkopf, Irrtum, Pfarramt, Zerrbild, Herrschaft, Sperrstunde; Schnurrbart, Schirrmeister, Narrenkappe, Kindergeplärr, Geschirrschrank, Hundegeknurr

Aufgabe 16

Futter	**Schritte**	**Latte**	**Bett**
Butter	Tritte	Matte	nett
Mutter	Bitte	Ratte	fett
Kutter	Mitte	Watte	Brett

schlittern	**Flotte**
knittern	Karotte
wittern	Grotte
zittern	Klamotte

Aufgabe 17

Pappplakat, Sauerstoffflasche, Balletttruppe, Fetttropfen, Blatttriebe, Stoffflicken, Briketttträger, Nepppreis, Schutttransporter, Kompottteller

Aufgabe 18

Bei letztem Halt Sauerstoffflaschen geladen. Auf See zeigten Kontrolllampen bald Überhitzung im Lagerraum Nummer vier. Nach Explosion Schiff eine halbe Meile vor Insel auf Grund!
Wertvolle Ladung an Bord! Sucht hinter Werkstatttür Metallleuchter und Weinbrandfässer. In meiner Koje in Stofffetzen Branntwein mit alter Nummerierung!
K. S. Olsen

Aufgabe 19

ck	(kk)	tz	(zz)
Luftdruck	Marokko	Gegensätze	Nizza
drückend		Hitze	Intermezzo
lockert		letzten	
		sitzenden	
		Blitz	
		nutzen	

Aufgabe 20

Platzregen	Scharfschütze	Glatzkopf
Schatzgräber	Feuerspritze	Blitzlicht
Sitzfleisch	Mauerritze	Spitzmaus

Aufgabe 21

Treck, Knick, Blick, Stock, verstockt, Wecker, stecken, sacken, Bäcker, Nacken, Zucker, lecken, verstecken, locken, backen, Lücke, Ecke

Aufgabe 22

Backstube, Speckseite, Scheckheft, Lockvogel, Lackschuhe, Stückzahl, Blockschokolade, Trickkiste, Schrecksekunde, Rückfahrt, Spickzettel, Weckmehl, Strickleiter

Aufgabe 23

Spitze	schlitzen	Schwätzer	bespitzeln
Glatze	schätzen	Schnitzer	schnitzeln
Hitze	stützen	Spitzer	kitzeln
Ritze	wetzen	Spritzer	witzeln

Aufgabe 1

s	ß	ss
Jens	groß	Kesselschmied
Gesicht	verbüßte	hochgeschossen
Bartwuchs	äußerst	blass
Wuchs		schusslige
Nasenflügel		Schusswaffe
der Gesuchte		Messer
Saarbrücken		
ist		
Ausbruch		
gesichtet		
rücksichtslos		
sachdienliche Hinweise		

Aufgabe 2

riesig	Sense	Faser	Speise	Rose	lesen
Reisig	Brause	Gläser	Hirse	Gämse	lösen
Amsel	Nase	Rasen	Pinsel	rieseln	Ameise
Insel	Hase	Riesen	Kreisel	nieseln	Gemüse
blasen	böse	eisig	Drüse	Käse	Häuser
sausen	Fräse	diesig	Dose	leise	Gräser

Es handelt sich bei allen Wörtern um den stimmhaften s-Laut; man schreibt immer mit einfachem s.

Aufgabe 3

reisen	du reist	er reiste
kreisen	du kreist	er kreiste
lösen	du löst	er löste
speisen	du speist	er speiste
bremsen	du bremst	er bremste
rasen	du rast	er raste
brausen	du braust	er brauste
lesen	du liest	er las
blasen	du bläst	er blies

Aufgabe 4

Gans – Gänse
Gas – Gase
Gleis – Gleise
Gras – Gräser
Greis – Greise
Hals – Hälse
Haus – Häuser
Kreis – Kreise
Laus – Läuse
Los – Lose
Maus – Mäuse
Moos – Moose
Preis – Preise
Vers – Verse

Aufgabe 5

A	S	S	E										
T	A	S	S	E									
K	L	A	S	S	E								
S	P	R	O	S	S	E							
S	C	H	L	Ü	S	S	E						
T	E	I	G	M	A	S	S	E					
S	A	F	T	P	R	E	S	S	E				
F	I	S	C	H	F	L	O	S	S	E			
D	R	O	S	S	E	L	G	A	S	S	E		
M	E	I	S	T	E	R	K	L	A	S	S	E	
Z	U	S	A	M	M	E	N	F	A	S	S	E	N
H	E	R	A	U	S	P	R	E	S	S	E	N	
V	E	R	S	C	H	L	O	S	S	E	N		
H	E	R	A	B	L	A	S	S	E	N			
V	E	R	B	L	A	S	S	E	N				
V	E	R	M	I	S	S	E	N					
A	B	M	E	S	S	E	N						
F	R	E	S	S	E	N							
F	A	S	S	E	N								
E	S	S	E	N									

Aufgabe 6

Gasse
Kasse
Rasse

Kessel
Sessel

Bissen
Kissen
Wissen

Genosse
Sprosse
Gosse

Messer
besser

lassen
fassen
passen
Tassen

Rüssel
Schüssel
Schlüssel

Nässe
Blässe

Aufgabe 7

Essigflasche
Kaffeetasse
Schlüsselloch
Wasserkessel
Singdrossel
Federkissen
Fernsehsessel

Messingblech
Brennnessel
Messestadt
Gewissensbisse
Schwimmflosse
Klassenzimmer
Brotmesser

Aufgabe 8

T	a	s	s	e	n
f	a	s	s	e	n
l	a	s	s	e	n
p	a	s	s	e	n
h	a	s	s	e	n
h	i	s	s	e	n
B	i	s	s	e	n
K	i	s	s	e	n
w	i	s	s	e	n
m	i	s	s	e	n
m	ü	s	s	e	n
m	e	s	s	e	n

R	o	s	s
R	i	s	s
B	i	s	s
B	a	s	s
H	a	s	s
n	a	s	s
F	a	s	s
P	a	s	s
K	u	s	s
N	u	s	s
m	u	s	s

Aufgabe 9

der Biss	–	die Bisse	der Riss	–	die Risse
das Fass	–	die Fässer	das Ross	–	die Rösser
die Nuss	–	die Nüsse	der Bass	–	die Bässe
der Genuss	–	die Genüsse	der Schuss	–	die Schüsse
das Geschoss	–	die Geschosse	der Amboss	–	die Ambosse
das Schloss	–	die Schlösser	der Koloss	–	die Kolosse
der Schluss	–	die Schlüsse	der Imbiss	–	die Imbisse
der Guss	–	die Güsse	der Kompass	–	die Kompasse

Aufgabe 10

der Fuß	–	die Füße	der Stoß	–	die Stöße
der Gruß	–	die Grüße	der Spieß	–	die Spieße
der Spaß	–	die Späße	der Strauß	–	die Sträuße
der Kloß	–	die Klöße	das Gefäß	–	die Gefäße
das Maß	–	die Maße	das Floß	–	die Flöße

Aufgabe 11

müssen	du musst	er muss
lassen	du lässt	er lässt
essen	du isst	er isst
hassen	du hasst	er hasst
passen	du passt	er passt
vergessen	du vergisst	er vergisst
messen	du misst	er misst
küssen	du küsst	er küsst
pressen	du presst	er presst
vermissen	du vermisst	er vermisst
fassen	du fasst	er fasst
wissen	du weißt	er weiß
fressen	du frisst	er frisst
hissen	du hisst	er hisst

Aufgabe 12

Er sagt mir **dies** im Vertrauen. Das Kind, **welches** sich gestern den Fuß verstaucht hat, musste zum Arzt gebracht werden. Das Fass, **welches** vom Wagen fiel, blieb unbeschädigt. **Dieses** ist das Haus, **welches** abgebrochen werden soll. Sie gab mir **dies** zur Aufbewahrung. War **dies** ein Erlebnis! Du musst **dieses** Fenster hier schließen. **Dies** musst du dir merken!

Aufgabe 13

Was ein Häkchen werden will, **das** krümmt sich beizeiten. Lerne nur **das** Glück ergreifen, denn **das** Glück ist immer da. **Das** Feuer, **das** nicht brennt, soll man nicht löschen. Glück und Glas, wie leicht bricht **das**. Was du heute kannst besorgen, **das** verschiebe nicht auf morgen! **Das** ist der Fluch der bösen Tat, **dass** sie fortwährend Böses muss gebären. Was ich nicht weiß, **das** macht mich nicht heiß. Was du nicht willst, **das** man dir tu, das füg auch keinem andern zu. Es ist ein köstlich Ding, **dass das** Herz fest werde. Die Katze lässt **das** Mausen nicht.

Aufgabe 14

misslingen, Missklang, misshandeln, Missgeschick, missbrauchen, missachten, Missverständnis, Missgestalt, Missmut, missbilligen, Misston, Missgunst, missdeuten, Missernte, missfallen, missraten

Aufgabe 15

Singular	Plural	Genitiv
das Gleichnis	die Gleichnisse	des Gleichnisses
das Ärgernis	die Ärgernisse	des Ärgernisses
das Ereignis	die Ereignisse	des Ereignisses
das Begräbnis	die Begräbnisse	des Begräbnisses
das Bildnis	die Bildnisse	des Bildnisses
das Bündnis	die Bündnisse	des Bündnisses
das Erlebnis	die Erlebnisse	des Erlebnisses
das Ergebnis	die Ergebnisse	des Ergebnisses
das Zeugnis	die Zeugnisse	des Zeugnisses
das Verzeichnis	die Verzeichnisse	des Verzeichnisses
das Verhängnis	die Verhängnisse	des Verhängnisses

Aufgabe 16

Ein Missgeschick

Missmutig sortierte ein Maler seine Bildnisse. Plötzlich pochte es draußen an die Tür. Missbilligend stieß er mit seinem Fuß auf den Boden. Dabei ließ er das Bild einer Flusslandschaft fallen. Er stürzte zur Tür und riss sie auf. Die Postbotin grüßte ihn und reichte ihm zwei riesige Briefe. In einem waren sechs Bücherverzeichnisse, im andern einige Erlasse des Finanzamtes. Dieses Erlebnis lehrte ihn, künftig nicht so aufbrausend zu sein.

Aufgabe 17

Fahre ohne Hast zur Schule, denn du hast noch genügend Zeit; einen Unfall hasst schließlich jeder!

Der Urlauber reist gerade ab, da reißt ihm ein Räuber die Tasche aus der Hand.

Lasst mir die schwere Last nicht fallen!

„Lies mir ein Märchen vor!", bat die Dreijährige, doch Großmutter ließ sich nicht erweichen.

Der Vielfraß ist zufrieden, wenn er gut isst.

Der Polizist hätte den Einbrecher fast gefasst.

Petra lief bis ans Tor, dort biss sie der Hund ins Bein.

Aufgabe 1

e	ä
Grete	Spezialitäten
Heringe	Gläsern
Krebse	bärenstark
quellfrisch	märchenhaft
Forellen	Äquatorfisch
Gewürzbeeren	Fischbällchen
Filet	Gräten
Seefelchen	kräftig

Aufgabe 2

Schädlinge, beschädigen, schädlich — Schaden

Geldfälscher, fälschlicherweise, verfälschen — falsch

Vertretung, Tretmühle, vertretbar — treten

Aufgabe 3

Bänklein, Kränzchen, Hähnchen, Gärtlein, Schwänchen, Rädchen, Häslein, Pferdchen, Schränklein, Lädchen, Gräslein, Zwerglein, Fädchen, Federchen, Äpfelchen, Schälchen

Aufgabe 4

Trägheit	Grätschsprung	Säbelklinge
Dämmerung	Märchenfee	Mädchenkleid
Dämlichkeit	Schädelbruch	Spähtrupp

Aufgabe 5

z	ä	h											
Ä	h	r	e										
f	ä	h	i	g									
g	ä	h	n	e	n								
b	e	h	ä	b	i	g							
h	ä	s	s	l	i	c	h						
h	ä	t	s	c	h	e	l	n					
a	l	l	m	ä	h	l	i	c	h				
S	ä	b	e	l	s	p	i	t	z	e			
H	u	n	d	e	g	e	k	l	ä	f	f		
P	a	p	a	g	e	i	e	n	k	ä	f	i	g

Aufgabe 6

eu	**äu**
Streusel, feurig, heute, Beutel, Teufel	täuschen, Säugling, läuten, häufig, häuslich

Aufgabe 7

räumlich – Raum
abräumen – Raum
Räumung – Raum
geräumig – Raum
säuerlich – sauer
Säure – sauer
Bräutigam – Braut
käuflich – kaufen
Käufer – kaufen
bräutlich – Braut
täuschen – Tausch
träumen – Traum
äußern – außen

Fäulnis – faul
häuslich – Haus
säubern – sauber
räuchern – Rauch
Neuling – neu
Geräusch – rauschen
Säugling – saugen
Gebäude – bauen
zerstäuben – Staub
häufig – Haufen
schäumen – Schaum
Bräutchen – Braut

Aufgabe 8

Bäuche, Freunde, Bäume, Fäuste, Gäule, Flugzeuge, Kräuter, Läuse, Haufen, Schläuche, Sträucher, Sträuße, Mäuse, Räume, Häuser, Häute, Bräute

Aufgabe 9

Auge - Äuglein
Bauer - Bäuerlein
Daumen - Däumchen
Pflaume - Pfläumchen
Beutel - Beutelchen
Schaufel - Schäufelchen
Freund - Freundchen
Staub - Stäubchen
Taube - Täubchen
Teufel - Teufelchen
Strauß - Sträußchen
Mauer - Mäuerchen

Aufgabe 10

ei	**ai**	**ay**
eins, ein,	Rain	Bayer
Ei, Beil,	Bai	Oberbayern
eilen, nein,	Laib	
sein		

Aufgabe 11

Jamaikarum
Brotlaib
Kaimauer
Detailplan
Maisfeld
Geigensaite
Buchenhain
Taillenweite

Aufgabe 12

Hafenbai	Froschlaich	Kaimauer
Futtermais	Halbwaise	Kaiserkrone
Wegrain	Brotlaib	Haifisch

Aufgabe 13

		M	A	I	S		
		M	A	I			
		K	A	I	S	E	R
		K	A	I			
		W	A	I	S	E	
		R	A	I	N		
		M	A	I	N		
L	A	K	A	I			
		H	A	I			
		L	A	I	E		
		L	A	I	C	H	
		L	A	I	B		
		M	A	I	N	Z	
		K	A	I	N		

Aufgabe 14

weihen – weilen – heilen – feilen – teilen – zeigen – neigen – reiten – reizen – reißen

Aufgabe 1

ks	x	chs	gs	cks
Kokses	Hexerei	Echse	flugs	Klecks
links	kraxel	sechs	rings	knackst
	Hex’	Dachs		
	Hexenbuch	Lachs		
	Nixe	Fuchs		
	Mixtur	Luchs		
	Text			

Aufgabe 3

Explosionsgefahr
Wirtschaftsexperte
Fixstern
Extrablatt
Exportkaufmann
Luxusjacht
Streitaxt
Foxterrier
Arztpraxis
Hexenbesen
Boxkampf
Fremdwörterlexikon

Aufgabe 4

Keks, schlaksig, Koks, murksen, links

Aufgabe 5

unterwegs – Weg
anfangs – Anfang
mittags – Mittag
rings – Ring
Anhängsel – hängen
allerdings – Ding
flugs – Flug
längs – Länge

Aufgabe 6

zwecks – Zweck
augenblicks – Augenblick
hinterrücks – Rücken
Klecks – kleckern
Knacks – knacken
Knicks – knicken
tricksen – Trick

Aufgabe 7

f	v	ph
frische	Vanilleplunder	Phlox
fantastisch	Vesperlaib	
feine	Vollkornbrot	
saftige	Vierfruchtmarmelade	
Frühzwetschgen	Vollmilchschokolade	
	Vorderschinken	

Aufgabe 9

Filz, Fett, Vater, Fahne, Farm, Fibel, Vetter, Fach, Flocke, Flut, Vase, Faden, Fisch, Veilchen, Fest, Fall

Aufgabe 10

verlassen, verheilen, verdunkeln, verfeinern, verkürzen, verfluchen, verhungern, verbessern, verspotten, veredeln, verbittern, verreisen, vertiefen, vertauschen, vereinigen, verbessern, verfaulen, verehren, verkleinern, verspäten, verrosten, verenden

Aufgabe 11

die Versammlung, das Vollkornmehl, das Vorderrad, der Verkehr, der Verbrauch, der Verdacht, das Vorderteil, die Vorderachse, die Vorsilbe, der Vollbart, das Versteck, der Verrat, der Verband, die Vergangenheit, die Vollmilch, der Vollmond, der Vorturner, das Vertrauen, die Vorfreude

Aufgabe 12

Violinspieler
Veilchenduft
Liedvers
Vogelscheuche
Volkszählung
Lichtbildervortrag
Viehmarkt
Vanillepudding

Vereinsvorstand
Vulkanausbruch
Burgverlies
Versandgeschäft
Vesperbrot
Vorratskammer
Vaterland

Aufgabe 13

Graphik	–	Grafik
Mikrophon	–	Mikrofon
Phantasie	–	Fantasie
Symphonie	–	Sinfonie
stenographieren	–	stenografieren
telegraphieren	–	telegrafieren
Delphin	–	Delfin
Paragraph	–	Paragraf

Aufgabe 1

Substantive als ein Wort	Substantive mit den Nachsilben -heit, -keit, -sal...	Substantive als zusammengesetzte Wörter
die Zwillinge	das Angebertum	der Auftrieb
die Woche	die Freundschaft	der Selbstbetrug
die Brüche	die Dummheit	der Dickkopf
der Krebs	das Erlebnis	die Jungfrau
das Temperament	das Schicksal	die Vorsätze
der Lauf	die Überheblichkeit	der Umgang
der Löwe	die Beherrschung	der Hochstapler
die Tage		
der Grund		
der Umgang		
das Geld		

Aufgabe 2

Die Radtour

Die Schülerinnen und Schüler **der** Klasse 8c unternahmen **eine** Radtour. **Das** Ziel waren **die** Burgen in **der** Umgebung. Alle hatten **das** Fahrrad schwer bepackt. Bei Sonnenschein ging es mit heiterer Gelassenheit los. Bald wurde **die** Gruppe stiller. **Die** Sonne brannte vom Himmel. **Der** Durst wurde immer größer. **Ein** Mädchen hatte **eine** Reifenpanne, **ein** Junge stürzte vom Rad. **Die** Stimmung wurde gedrückt. Um keine Mutlosigkeit aufkommen zu lassen, legte **die** Gruppe **eine** Ruhepause ein.

Aufgabe 3

Eigenschaft, Grafschaft, Mannschaft, Bürgschaft, Freundschaft, Gemeinschaft; Eitelkeit, Einigkeit, Sauberkeit, Tapferkeit; Rinnsal, Scheusal, Schicksal, Mühsal, Labsal, Trübsal; Feigling, Bückling, Sperling, Zögling; Kühnheit, Torheit, Dummheit, Gesundheit, Frechheit, Klugheit; Landung, Prüfung, Impfung, Heizung; Bildnis, Erlebnis, Hemmnis, Zeugnis; Irrtum, Siechtum, Brauchtum, Eigentum, Altertum, Reichtum

Aufgabe 4

Kennzeichen	Buntspecht	Vielfraß
Leitplanke	Graumeise	Rückweg
Fahrschule	Rotkehlchen	Überschrift

Aufgabe 5

Einhorn	Hochhaus
Rennrad	Schleifmaschine
Treibstoff	Buntspecht
Vorsicht	Eigentor
Weichkäse	Blaulicht
Edelmetall	
Selbstsucht	

Aufgabe 6

substantiviertes Verb mit Artikelwort	**substantiviertes Verb mit Pronomen**	**substantiviertes Verb mit Adjektiv**	**substantiviertes Verb mit Präposition**
ein Vergnügen das Herum-strolchen das Sitzen	dein Können dieses Pauken	tolles Leben gutes Gelingen lautes Jammern	zum Lernen im Umgang

Aufgabe 7

- Ihr Schimpfen **(2)** wird ihnen nichts nützen.
- Mit Zittern und Zagen **(4)** hat er seine Prüfung bestanden.
- Gründliches Nachdenken **(3)** und sorgfältiges Arbeiten **(3)** führt rascher ans Ziel als gedankenloses Handeln **(3)**.
- Das Bellen **(1)** des Hundes erschreckt den Dieb.
- Geistesgegenwärtiges Bremsen **(3)** verhinderte schon manchen Unfall.
- Beim Schreiben **(4)** musst du dich konzentrieren.
- Der hat ja von Tuten und Blasen **(4)** keine Ahnung.
- Das war ein Sausen und Brausen **(1)**!
- Warum denn in die Ferne schweifen, denn das Gute **(1)** liegt so nah!

Aufgabe 8

Unser **Singen** erfreut die Zuhörer. Schönes **Singen** ist ein Genuss. Kannst du nicht dein **Singen** bleiben lassen? Kannst du gut **singen**? Er störte die Nachtruhe der Anlieger durch lautes **Singen**.

Manche Leute **denken** zu wenig. Schnelles **Denken** führt zum Erfolg. Erst **denken**, dann handeln! Beim **Denken** will man nicht gestört werden. Ich werde an dich **denken**.

Wir **spielen** im Garten. Die Kinder sind beim **Spielen**. Willst du mit mir **spielen**? Hast du Lust zum **Spielen**? Heute will ich mit meinen Freunden **spielen**.

Das **Wandern** ist des Müllers Lust. Zum richtigen **Wandern** gehört festes Schuhwerk. Der Albverein geht am Sonntag **wandern**. Stetes **Wandern** hält dich fit und gesund. Beim **Wandern** haben wir schon viele schöne Erlebnisse gehabt.

Aufgabe 9

substantiviertes Adjektiv mit Artikelwort	**substantiviertes Adjektiv mit Pronomen**	**substantiviertes Adjektiv mit Präposition**	**substantiviertes Adjektiv mit Numerale**
das Besondere das Prächtigste	unser Bestes	ins Ungewisse ins Blaue vom Wundervollen	etwas Exotisches etwas Heiteres und Unbeschwertes

Aufgabe 10

etwas Gutes, wenig Gutes, nichts Gutes, das Gute, viel Gutes, alles Gute, ins Blaue, nichts Blaues, das Blau, dieses Blau, viel Blaues, alles Blaue, etwas Schönes, wenig Schönes, nichts Schönes, das Schöne, dieses Schöne, viel Schönes, alles Schöne, etwas Wahres, wenig Wahres, nichts Wahres, das Wahre, viel Wahres, alles Wahre

Aufgabe 11

Wenn er zahlen muss, trifft es keinen **Armen**. Besser **arm** und gesund, als reich krank. Er hat vielen **Armen** geholfen.

Sabine kauft einen **schönen** Sommerhut. Sie ist allem **Schönen** zugetan. Wir haben im Urlaub viel **Schönes** erlebt. Sei **schön** brav!

Das **Finstere** der Nacht bedrückt mich. Die **finstere** Nacht wirkt unheimlich. Im **Finstern** fürchte ich mich. Im Keller ist es kalt und **finster**.

Aufgabe 1

drü-cken-de land-wärts knis-tern-de

Aufgabe 2

Ger-das Sieg

Es war ein kal-ter Mor-gen. Un-se-re Schul-mann-schaft fand sich den-noch pünkt-lich auf dem Sport-platz ein. Die geg-ne-ri-sche Mann-schaft aus A-dorf war schon da. Nach ei-nem ers-ten Warm-lau-fen wur-den die Start-num-mern ver-ge-ben. Ger-da zog die Fünf. Dann zeig-te sie ihr Kön-nen an den Hür-den; sie lief nicht, sie flog bei-nah. Ver-dien-ter-ma-ßen er-rang sie den ers-ten Platz. Pe-tra, ih-re hart-nä-ckigs-te Kon-kur-ren-tin, blieb um zwei Zehn-tel ab-ge-schla-gen. Pe-tra mein-te, dass sie Pech beim Star-ten hat-te. Die-se Zehn-tel-se-kun-den will sie das nächs-te Mal he-rein-ho-len …
Es ist ein be-glü-cken-des Ge-fühl, dass un-se-re Schu-le fast dop-pelt so vie-le Ur-kun-den er-run-gen hat wie die Geg-ner aus A-dorf.

Aufgabe 1

Regel 1	Regel 2	Regel 3
einmalig wissbegierig mehrstündig	dummdreist sattblau nasskalt	jahrelang wetterfest schlagfertig aufschlussreich humorvoll

Regel 4	Regel 5	Regel 6	Regel 7
wandern lernen	vonnöten sein zufrieden sein	bayerisch essen	Allgäuer Alpen

Aufgabe 2

turmhoch, himmelblau, steinalt, stahlhart, messerscharf, schneeweiß, fußbreit, federleicht, faustdick, strohdumm, eiskalt, grasgrün, pfeilschnell, butterweich, spindeldürr, lammfromm, blutrot, pulvertrocken, hauchdünn, kugelrund, ellenlang, wunderschön, gertenschlank

Aufgabe 3

lauwarm, tiefblau, süßsauer, dunkelrot, bitterkalt, altehrwürdig, nebligtrüb, zartgliedrig

Aufgabe 1

Telegramm

Heute ging die bestellte Sendung ab. Die Zustellung erfolgt per Bahnfracht. Bitte Vorsicht beim Auspacken! Beachten Sie dabei die beigefügte Anleitung! Transportschäden sind innerhalb von drei Tagen nach Erhalt zu melden. Wann dürfen wir mit Ihrer nächsten Bestellung rechnen?

Aufgabe 2

1. Das Hochhaus, das / welches 36 m hoch ist, steht am Stadtrand.
2. Das Buch, das / welches Klara gerade liest, ist interessant.
3. Der Ballon, der / welcher bunte Reklame trägt, gewinnt an Höhe.
4. Das Auto, das / welches gestern stehen geblieben ist, wird repariert.

Aufgabe 3

Die Katze klettert auf den Baum, da sie verfolgt wird.
Er läuft durch den finsteren Wald, obwohl er sich fürchtet.
Peter weint, weil er sich das Knie verletzt hat.
Tina geht in die Schule, obwohl sie Kopfweh hat.
Christine geht zum Arzt, weil sie sich krank fühlt.
Klaus hofft, dass er den Zug nicht verpasst.

Aufgabe 4

Mutter, Vater, Oma und meine Schwester haben mir eine neue Schultasche geschenkt. Ich packe das Lesebuch, das Rechenbuch, das Sprachbuch, das Mäppchen und alle meine Hefte in den Ranzen. Am ersten Tag nach den Ferien haben wir Mathematik, Englisch, Sport und Erdkunde. Ich komme vor der Schule an, die Schulglocke läutet und der Hausmeister schaut mich vorwurfsvoll an. Im letzten Augenblick husche ich in die Klasse, schon kommt unsere neue Lehrerin und begrüßt uns schneidig.

Aufgabe 5

Der aufgeblasene Frosch

Ein Frosch hockte bei seinen Kindern im Sumpf, als er einen Ochsen erblickte, der am Ufer sein Futter suchte. Da wollte er auch so groß sein und blies sich auf, so stark er nur konnte. „Bin ich nun so groß wie der Ochse?", fragte er. „Nein", antworteten die Kinder. Da blies sich der Frosch noch stärker auf und fragte abermals: „Bin ich jetzt so groß?" – „Noch immer nicht", antworteten die Kinder.
Da blies sich der Frosch mit solcher Gewalt auf, dass er zerbarst.

(Äsop)

Quellennachweis

S. 34:
Irmela Brender, Vom Küchenjungen in Dornröschens Schloss.
In: Neues vom Rumpelstilzchen und andere Hausmärchen von 43 Autoren, gesammelt von H.-J. Gelberg, Weinheim-Baseln (Beltz & Gelberg) 1976 (gekürzter Text).
Rechte bei der Autorin.

Der Verlag hat sich nach bestem Wissen und Gewissen bemüht, alle Inhaber von Urheberrechten an Texten und Abbildungen zu diesem Werk ausfindig zu machen. Sollte das in irgendeinem Fall nicht korrekt geschehen sein, bitten wir um Entschuldigung und bieten an, gegebenenfalls in einer nachfolgenden Auflage einen korrigierten Quellennachweis zu bringen.

Alles im Griff!

Endlich kapiert

- Schritt-für-Schritt-Erklärungen zeigen, wie's geht
- Viele Übungsaufgaben mit ausführlichen Lösungen
- Extra: Online-Abschlusstests nach jedem Kapitel

Jeder Titel
14,99 €

ISBN 978-3-12-927223-7

ISBN 978-3-12-927224-4

ISBN 978-3-12-927225-1

ISBN 978-3-12-927226-8

ISBN 978-3-12-927227-5

Diese und weitere Klett-Lernhilfen sind im Buchhandel erhältlich.
Weitere Informationen unter **www.klett.de/lernhilfen**